초등학생을 위한

Mensa KIDS

MENSA
멘사 영어 단어 퍼즐

멘사코리아 감수 | 로버트 앨런 지음 | 김요한 옮김

바이킹

Mighty Mindbusters for Kids

by Robert Allen, Harold Gale, Carolyn Skitt
Text and Puzzle content copyright © British Mensa Ltd. 1994
Design and Artwork copyright © Carlton Books Ltd. 1994
All rights reserved
Korean Translation Copyright © 2007 BONUS Publishing Co.
Korean edition is published by arrangement with Carlton Books Ltd.
through Corea Literary Agency, Seoul

이 책의 한국어판 저작권은 Corea 에이전시를 통한 Carlton Books Limited와의 독점계약으로 보누스출판사에 있습니다.
저작권법에 의해 보호 받는 저작물이므로 무단전재와 무단복제를 금합니다.

신나게 놀다 보면
영어 실력이 쑥쑥!

제 생각에 여러분이 이 글부터 읽을 것 같지는 않아 보여요. 그렇죠? 어쨌든, 여러분을 나무랄 생각은 없어요. 저라도 그랬을 거예요. 여러분이 영어나 퍼즐을 좋아했다면 벌써부터 뒤섞인 글자를 풀어 보고, 가로세로 낱말 퍼즐을 풀고, 알파벳을 고르면서 신나게 놀고 있을 테죠. 영어 단어 퍼즐은 난이도에 따라 별 한 개부터 세 개까지 표시했어요. 별 한 개는 매우 쉽고, 별 세 개는 무지 어려울 거예요. 하지만 처음에는 정말로 어려워 보여도, 몇 개만 해 보면 만만해 보일 거예요.

물론 여러분이 영어를 좋아하지 않는데도 마음씨 좋은 누군가가 이 책을 선물해 주었을 수도 있겠군요. 미안해서 어쩌죠. 저는 이 책으로 여러분의 마음을 빼앗고, 신나게 하고, 애태우게 하고, 들들 볶고, 깜짝 놀라게 하고 싶어요. 그렇게 퀴즈를 풀다 보면 여러분의 영어 실력이 쑥쑥 늘 거예요. 이 책은 우선 가벼운 마음으로 훑어 보세요. 실은 여러분이 영어를 좋아했구나 하고 깨달을지도 모를 일이잖아요. 문제에 나온 단어는 해답 부분에 뜻을 정리해 두었으니, 답을 맞춰 본 후 꼭 한번 읽어 보세요.

영어 단어 퍼즐을 만드는 데 많은 도움을 준 제 친구 사라 피큰에게 고마워요.

로버트 앨런
영국멘사 출판 부문 대표

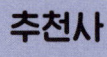 추천사

아이의 천재성을
깨워 주세요

바이킹에서 발간하는 책들을 사무실 책꽂이에 꽂아 두면 방문객들과 아이들이 호기심을 가지고 책을 읽거나 빌려 달라고 합니다. 성인들은 대부분 몇 장 읽어 보다가 머리를 흔드는 반면, 아이들은 금방 재미에 빠져 퍼즐과 씨름을 합니다. 그러다 아예 책을 사서 며칠씩 퍼즐 세계에 빠져들어 즐기는 아이들을 자주 발견하곤 합니다. 당장 어떤 이익이 있는 것도 아니고, 대단한 지식을 얻게 되는 것이 아닌데도 쉽게 열중합니다. 문제를 해결하는 즐거움을 사랑하는 아이들입니다. 그런 아이들은 멘사 회원이 될 가능성이 높습니다.

놀이와 학습의 차이는 무엇일까요? 놀이에는 어떤 목적이 따로 있지 않습니다. 해도 되고 안 해도 되지만, 재미가 있으면 할 이유가 충분한 것이 놀이입니다. 아이들은 재미있게 머리를 쓸 때, 가장 많은 것을 배울 수 있습니다. 만화책이나 그림책을 보면서 배운 것은 시험지를 붙들고 순위 경쟁에 집중하면서 외운 것보다 각인 효과가 훨씬 더 큽니다. 재미로 눈이 반짝이는 아이의 두뇌는 여러 가지 상황을 종합적으로 인지하며 아주 세세한 부분까지도 별다른 노력 없이 암기할 수 있는 상태가 됩니다. 반면 인상을 쓰며 과제를 해 나가는 아이들은 과제가 끝남과 동시에 공부한 내용으로부터 도망치기라도 하듯 빨리 잊어버리고 멀어지려고 합니다.

이 책에 담긴 퍼즐들은 시험 문제가 아닙니다. 반드시 풀어내야만 하는 숙제도 아닙니다. 가볍게 풀어 보고, 잘 안 되면 해답을 읽어 보아도 됩니다. 어떤 문제는 쉽게 풀리지만 어떤 문제는 잘 안 풀립니다. 읽다가 시시해지면 덮어 둘 수도 있고, 시간이 나고 심심할 때 다시 펼쳐 보아도 무방합니다. 믿기 어렵겠지만 수수께끼 같은 문제를 재치 있게 해결할 수 있는 재능이 누구에게나 있습니다. 또한 누구나 스스로 비슷한 문제를 만들어 볼 수 있고, 책에 있는 문제를 새롭게 구성할 수도 있습니다. 이런 놀이를 같이 즐길 친구가 필요하다면 멘사에 가입하기를 권합니다.

지형범
영재교육전문가
멘사코리아 전(前) 회장

멘사란 무엇이죠?

이제 여러분은 재미있는 퍼즐을 만날 거예요. 퍼즐 푸는 것을 좋아한다면 멘사도 좋아할 거예요. 멘사란 IQ가 148 이상인 사람이 가입할 수 있는 천재들의 모임이에요. 머리 쓰기를 좋아하는 사람들이 모인 단체이죠. IQ가 전체 인구의 상위 2%에 해당하는 사람은 누구든 멘사 회원이 될 수 있답니다. 멘사는 1946년 영국에서 만들어졌고, 현재는 전 세계적으로 100여 개 나라에 13만여 명이 넘는 회원이 있어요. 1998년에 문을 연 한국의 멘사는 '멘사코리아'라는 이름으로 2천 명이 넘는 회원들이 있답니다.

멘사가 더 궁금하다면 아래 홈페이지를 방문해 보세요. 멘사 가입 절차를 자세히 알 수 있어요.

• 홈페이지 : www.mensakorea.org

차례

머리말 :
신나게 놀다 보면 영어 실력이 쑥쑥! ·························· 3

추천사 :
아이의 천재성을 깨워 주세요 ································ 4

멘사란 무엇이죠? ·· 5

■ **문제** ·· 7

■ **해답** ·· 145

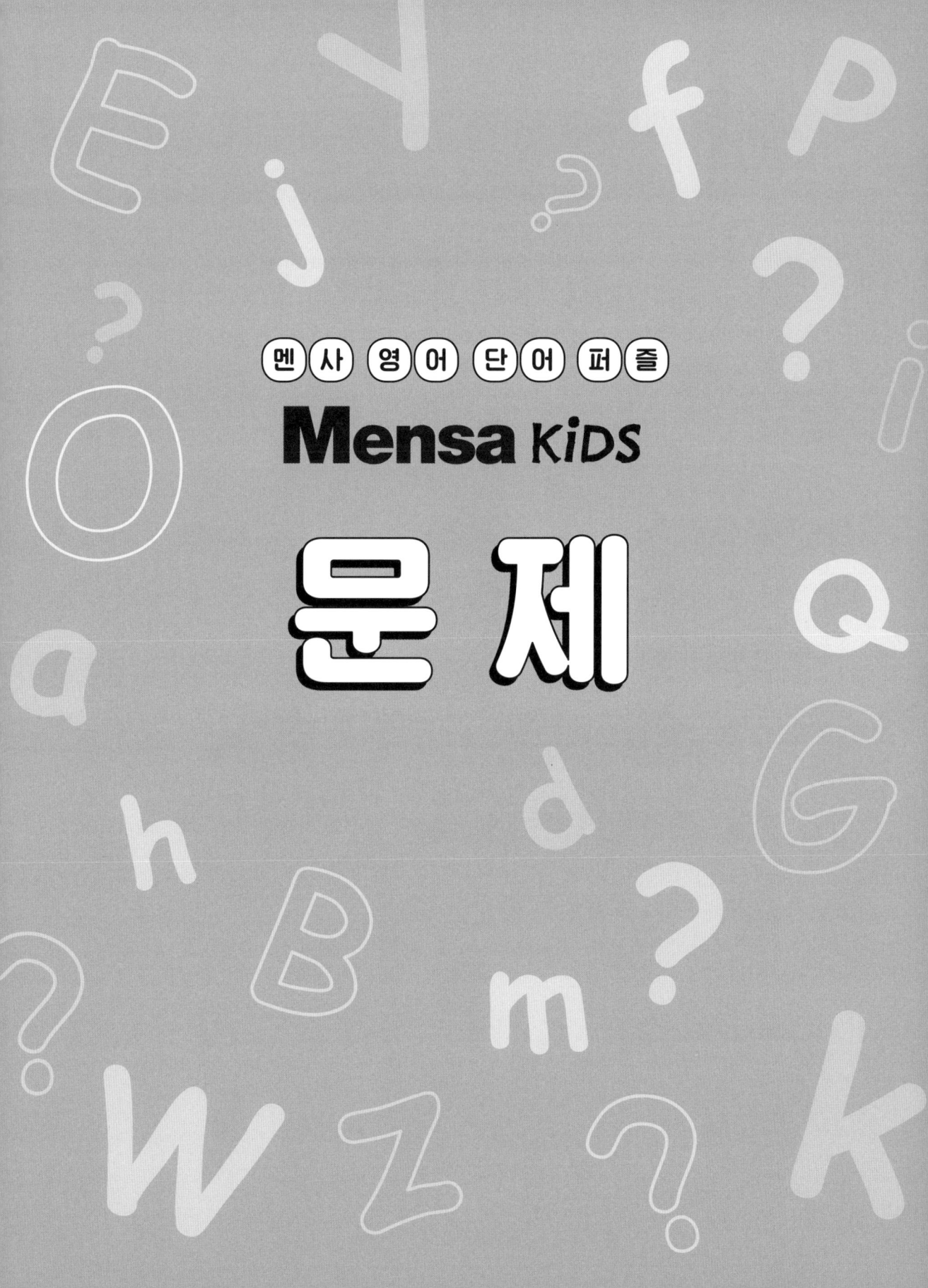

001

속이 텅 빈 벽돌로 이루어진 피라미드예요.
각 벽돌에는 영어 철자가 하나씩 들어가 층마다 한 단어를 이뤄요.
모두 'P'로 시작하는 낱말이고, 피라미드 아래에 도움말이 있어요.
4층부터 층을 내려갈수록 위층의 낱말 뒤에 영어 철자가 하나씩 더 붙어요.
숫자가 적힌 층마다 들어갈 단어는 무엇일까요?

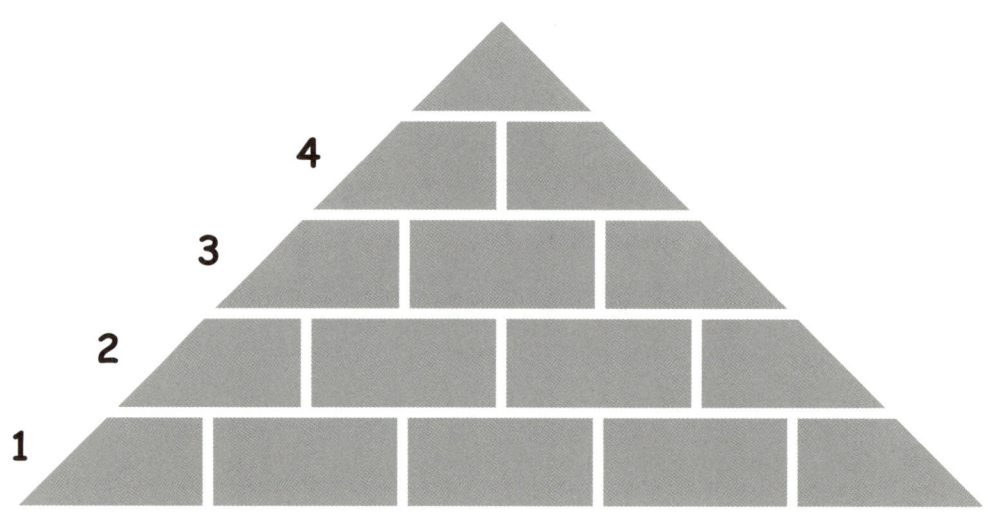

1. 텔레비전 퀴즈쇼나 토론 프로그램 출연자
2. 창문을 보면 있네요.
3. 이것을 사용해 요리를 하죠.
4. 아버지를 사랑스럽게 이르는 말

답 : 146쪽

002

주어진 단어를 표의 가로줄마다 써 넣어요.
표에 주어진 철자를 참고해 빈칸에 단어의 철자를 하나씩 채워 보세요.
색을 칠한 세로줄에 나타날 단어는 무엇일까요?
이 단어는 '바닷가에서 볼 수 있는 것'을 뜻한답니다.

NEED   DOWN
   AWAY   SHOP

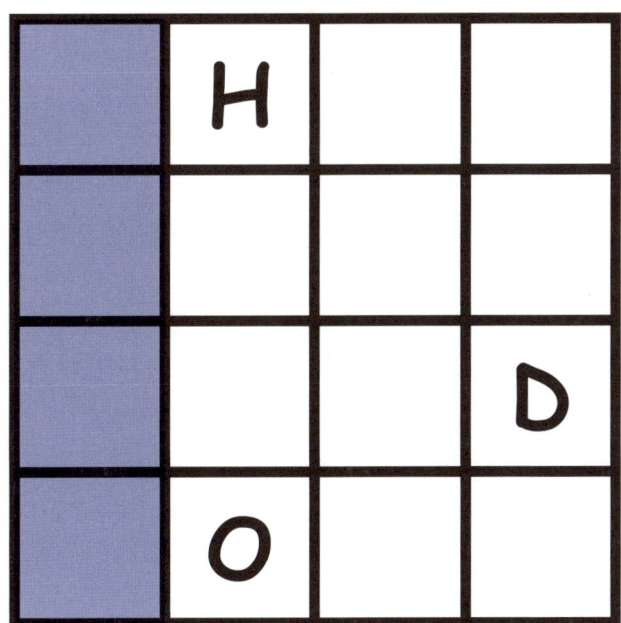

답 : 146쪽

003
★☆☆

동화 《피터 팬》에 나오는 주인공 이름과 장소가 마구 뒤섞였어요.
그런데 《피터 팬》과 상관없는 단어가 하나가 있어요.
무엇일까요?

CLOCK

CAPTAIN

TINKER

PETER

WENDY

PAN

NEVER

HOOK

CROCODILE

LAND

BELL

LUCY

답 : 146쪽

★★☆
004

영어 철자로 얼굴 윤곽부터 눈, 코, 입까지 사람 네 명의 얼굴을 만들었어요.
얼굴마다 각각 영어 철자를 알맞게 배열하면 사람 이름이 나올 거예요.
숨어 있는 이름들은 무엇일까요?

답 : 146쪽

005

온통 붉은 옷을 갖춰 입고, 한 해에 딱 하루만 일하는 할아버지는 누구일까요? 뒤섞인 영어 글자를 알맞게 배열하면 답이 나올 거예요.

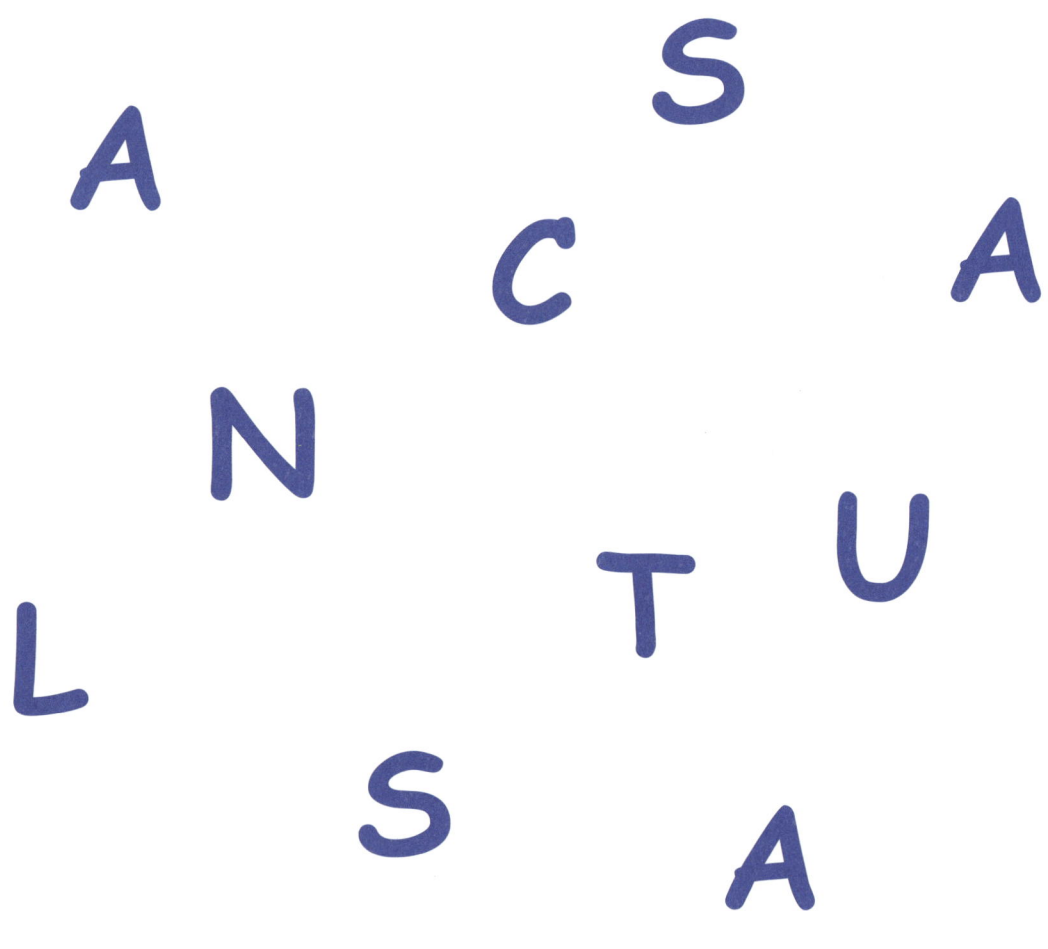

답 : 146쪽

006

페인트 통에 적힌 단어 하나가 나머지와 어울리지 않아요.
어떤 단어일까요?

답 : 146쪽

★★☆
007

번호마다 주어진 도움말과 영어 철자를 참고해 영어 단어를 맞혀 보세요.
색칠한 칸에 들어가는 단어를 따로 떼면 색깔 이름을 뜻한답니다.

1. 분필과 짝꿍

| B | | | | | | O | | | |

2. 과일

| B | U | | | | R | |

3. 옷

| B | | | | J | E | |

4. 겨울에도 식물을 재배할 수 있는 곳

| | | E | | | H | | | E |

답 : 146쪽

★ ☆ ☆
008

번호마다 단어를 이루는 영어 철자 순서를 뒤섞어 놓았어요.
원래 단어는 각각 사람들이 키우기 좋아하는 동물을 뜻한답니다.
철자를 알맞게 배열해 어떤 단어인지 맞혀 보세요.

TCA

DGO

HIFS

SAHMTER

답 : 147쪽

009

포도 한 송이를 누가 먹어 버렸어요.
이름이 영어 철자 3개로 이루어진 동물이 먹었어요.
아래 낱말 속에 동물의 이름이 숨어 있답니다.
과연 어떤 동물이 먹었을까요?

답 : 147쪽

010

약삭빠른 여우가 곰이 혼자 먹으려고 숨겨 놓은 꿀단지를 훔쳐가 버렸어요.
곰의 기분은 어땠을까요?
아래 주어진 영어 철자를 모두 써서 곰(BEAR) 단어 앞뒤로 붙여 보세요.
철자를 알맞게 배열하면 곰의 기분이 어땠는지 알 수 있어요.

E B N
L A U

_ _ B E A R _ _ _ _

답 : 147쪽

011

주어진 단어를 표의 가로줄마다 써 넣어요.
표에 주어진 철자를 참고해 빈칸에 단어의 철자를 하나씩 채워 보세요.
색을 칠한 세로줄에 나타날 단어는 무엇일까요?
이 단어는 '밤하늘에서 볼 수 있는 것'을 뜻한답니다.

FORK   KNEE
POLE   OMEN

			N
		L	
F			

답: 147쪽

012

번호마다 숫자를 뜻하는 낱말의 철자를 뒤섞어 놓았어요.
네 숫자를 모두 더하면 얼마일까요?

ofur

vesen

noe

ixs

답 : 147쪽

013

칠판에 적힌 낱말 중 하나가 나머지와 어울리지 않아요.
무엇일까요?

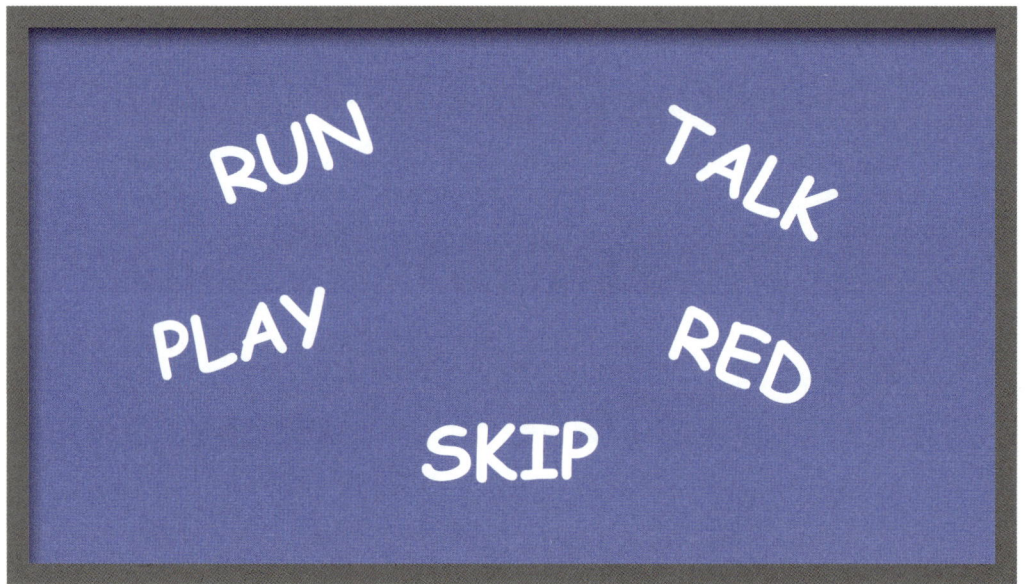

답 : 147쪽

014

번호마다 날씨를 뜻하는 낱말의 철자를 뒤섞어 놓았어요.
각각 무엇일까요?

답 : 147쪽

015

헤르미온느는 정원을 볼 때마다 흐뭇했어요.
호그와트에서 으뜸가는 국화를 가꿨거든요.
그런데 옆집 개가 국화 밑에다 뼈다귀를 파묻어 버렸어요.
헤르미온느는 이 일을 무엇이라고 표현했을까요?
국화(ASTER) 앞에 그림 속에 들어 있는 세 철자를 순서에 맞게 집어넣어 보세요.

_ _ _ _ ASTER

답 : 147쪽

016

영어 철자로 얼굴 윤곽부터 눈, 코, 입까지 사람 네 명의 얼굴을 만들었어요.
얼굴마다 각각 영어 철자를 알맞게 배열하면 사람 이름이 나올 거예요.
숨어 있는 이름들은 무엇일까요?

답 : 147쪽

017

★★☆

새들이 정원에서 빵부스러기를 쪼아 먹고 있었어요.
그런데 난데없이 성질 못된 고양이가 나타나 덤벼들었어요.
새들은 어떻게 되었을까요?
아래 주어진 영어 철자를 모두 써서 고양이(CAT) 앞뒤로 글자를 붙여 보세요.
철자를 알맞게 배열하면 새들이 어떻게 되었는지 알 수 있어요.

R E
S T

_ C A T _ _ _

답 : 147쪽

018

주어진 단어를 표의 가로줄마다 써 넣어요.
표에 주어진 철자를 참고해 빈칸에 단어의 철자를 하나씩 채워 보세요.
색을 칠한 세로줄에 나타날 단어는 무엇일까요?
이 단어는 '사랑을 고백할 때 많이 건네는 꽃'을 뜻한답니다.

답 : 148쪽

019

동물원에서 원숭이들이 서로 오렌지를 던지며 놀았어요.
그다음엔 원숭이들이 영어 철자 3개로 표현할 수 있는 행동을 했어요.
아래 낱말 속에 원숭이들이 한 행동이 숨어 있답니다.
과연 원숭이들은 어떤 행동을 했을까요?

답 : 148쪽

020

밤하늘에 반짝이는 별 사이로 어울리지 않는 단어 하나가 끼어들었네요. 무엇일까요?

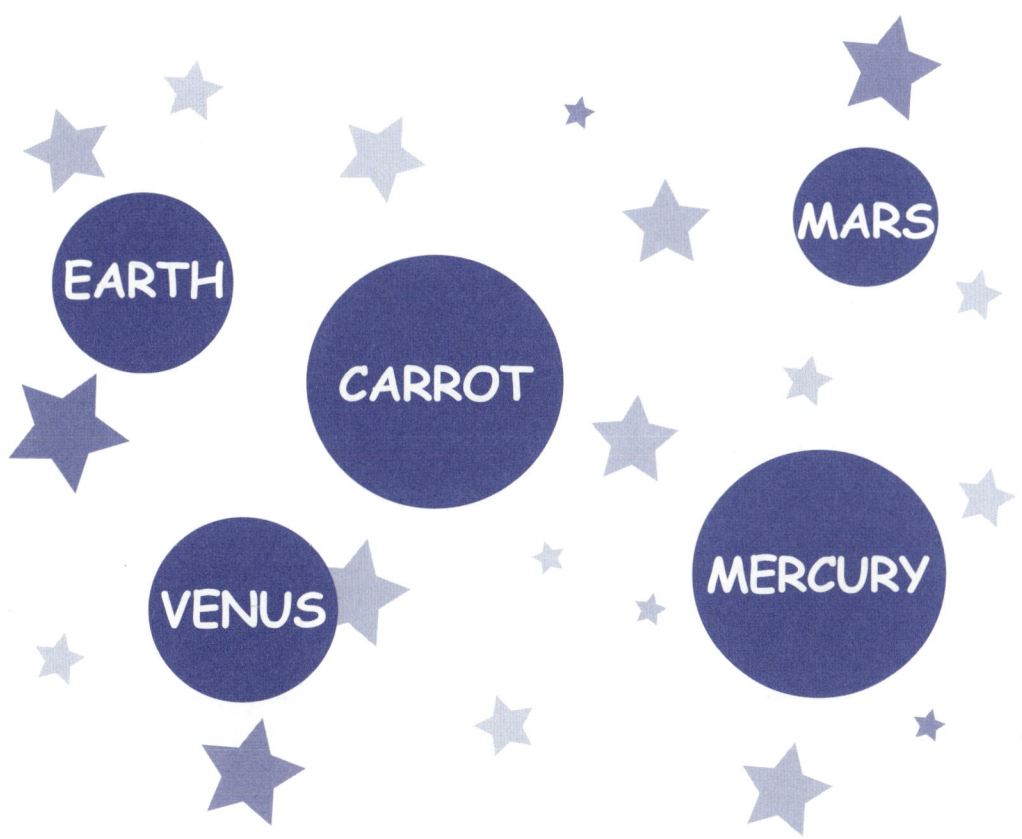

★★★ 021

'원리'라는 뜻을 가진 낱말 'ELEMENT'를 찾아보세요.
가로줄이나 세로줄에 딱 하나가 있어요.

E	L	M	E	N	T	E	L	E	M
L	E	E	L	E	N	M	E	N	T
M	E	N	T	E	L	M	E	N	T
E	L	E	M	E	N	E	L	M	E
E	M	E	N	T	E	L	E	M	E
L	M	E	L	E	M	E	M	T	N
E	E	L	M	E	N	T	E	L	E
M	N	T	E	L	E	M	N	E	T
E	T	E	M	E	N	E	T	L	E
N	E	L	E	M	E	N	E	N	T

답 : 148쪽

022

★ ☆ ☆

10시가 넘었는데 잠이 안 와요.
어떡하죠. 내일은 일찍 일어나 학교에 가야 하는데 더 늦게 잠들었다가는 분명 아침에 늦잠을 잘 게 뻔해요.
아! 잠이 잘 오게 만드는 기막힌 방법을 하나 알아요.
엄마가 머리맡에서 재미있는 이야기를 들려주면 신기하게도 잠이 솔솔 와요.
잘 시각(Bedtime) 아래에 적힌 철자를 바르게 배열해 보세요.
재미있는 옛날 이야기가 될 거예요.

BEDTIME

ROTSY

답 : 148쪽

023

우리 몸의 네 부위를 가리키는 낱말의 철자가 뒤섞여 있어요.
네 가지 부위를 뜻하는 단어는 각각 무엇일까요?

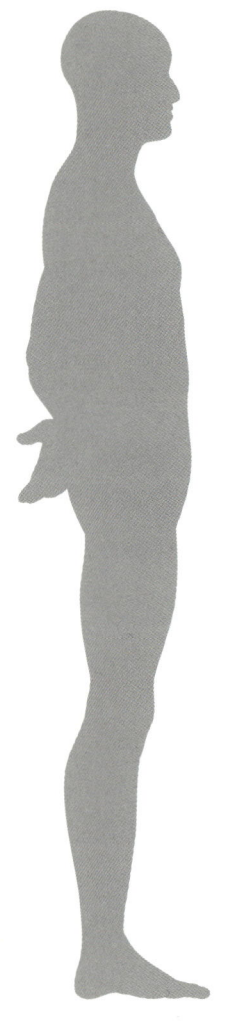

ram

ahed

elg

ofot

답 : 148쪽

024
★☆☆

학교에서 공부하느라 지쳤죠?
놀이(PLAY) 옆에 적힌 철자를 바르게 배열해 보세요.
자, 이제 쉬는 시간!

PLAY EMIT

답 : 148쪽

★★☆

025

아니, 이런 개(DOG)를 봤나!
아래 주어진 영어 철자를 한 번씩만 써서 개(DOG) 앞뒤에 글자를 붙여 보세요.
일곱 글자로 된 동물 이름이 두 개가 나오죠?

L L I F
U B H S

_ _ _ _ DOG

DOG _ _ _ _

답 : 148쪽

026

주어진 단어를 표의 가로줄마다 써 넣어요.
표에 주어진 철자를 참고해 빈칸에 단어의 철자를 하나씩 채워 보세요.
색을 칠한 세로줄에 나타날 단어는 무엇일까요?
이 단어는 '뜨거운 무언가'를 뜻한답니다.

식탁 위에 사과를 두었는데, 갑자기 애벌레(CATERPILLAR)가 나타났어요.
사과를 어떻게 했을까요?
영어 철자 3개로 이루어진 행동을 했답니다.
이윽고 몸이 아팠던 애벌레는 영어 철자 4개로 이루어진 무언가를 먹었어요.
애벌레가 처음에 했던 행동과 나중에 먹은 것은 아래 낱말 속에 숨어 있답니다.
두 낱말은 무엇일까요?

CATERPILLAR

답 : 149쪽

028

테디(TEDDY)는 사내아이도 아니고 개도 아니에요.
테디는 토마토도 아니고 개구리도 아닙니다.
그러면 테디는 무엇일까요?
테디 옆에 적힌 철자를 바르게 배열하면 알 수 있어요.

TEDDY AREB

답 : 149쪽

★★☆
029

아이들 책가방에 적힌 이름들을 보세요.
하나만 다르네요.
다른 하나는 무엇일까요?

답 : 149쪽

030

밀로는 한낮에 잭슨 아저씨네 과수원에 가서 복숭아(PEACHES)를 푸짐하게 먹었어요.
하지만 그날 밤 복숭아가 밀로를 괴롭혔어요.
밀로에게 무슨 일이 일어났을까요?
영어 철자 4개로 이루어진 일이 일어났답니다.
아래 낱말 속에 밀로에게 일어난 일이 숨어 있어요.

답 : 149쪽

031

농장으로 들어가는 문이에요. 알파벳을 뒤죽박죽으로 만들어 놓은 것처럼 보이죠? 처음 나오는 H에다 그다음 다섯 번째마다 나오는 글자를 죽 이어 붙이면 농장에 살고 있는 동물을 알 수 있어요.
그리고 나서 G부터, 그다음에는 M부터 똑같이 해 봐요.
숨어 있는 동물이 모두 다섯 마리예요.

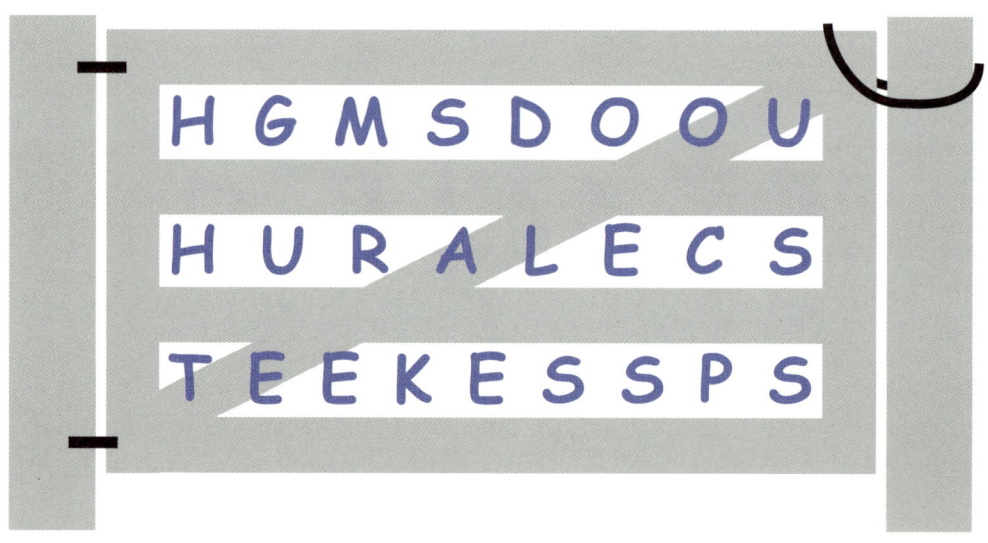

답 : 149쪽

032

바보 월터가 마법사 도서관에서 일하게 됐어요.

사서 선생님이 월터에게 《오즈의 마법사》와 《이상한 나라의 앨리스》를 3층으로 옮겨 달라고 부탁했어요.

그리고 월터에게 당부했어요.

"이 책들은 아주 조심조심 옮겨야 해. 책을 마구 흔들거나 충격을 주면 책 속에 주인공들이 빠져나가 버리거든."

그런데 어쩌죠.

한 번 바보는 영원한 바보!

빨리 옮길 욕심에 월터는 책을 안고 마구 달리다가 문에 쾅 부딪쳤어요.

이런! 책이 모두 바닥에 우르르 떨어져 버렸네요.

사서 선생님 말대로 책 속에서 주인공들이 하나씩 빠져나오기 시작했어요.

사서 선생님께 들키기 전에 주인공들을 다시 책 속에 넣어야 하는데, 바보 월터는 누가 어떤 책의 주인공들인지 몰라요.

여러분이 월터를 좀 도와줄래요?

Rabbit   Wizard

King   Dorothy

Queen   Lion

Alice

Scarecrow   Witch

답 : 149쪽

033

번호마다 물음표를 글자로 바꾸면 낱말이 돼요.
도움말을 보면 낱말이 떠오를 거예요.
물음표 부분의 글자만 아래로 죽 읽어 내리면 부엌에서 쓰는 물건의 이름이 돼요.
단어들은 각각 무엇일까요?

| 도움말 |

1. 흡혈귀가 좋아하죠.
2. 극장에 가면 볼 수 있어요.
3. '싱싱하다'와 비슷한 말이에요.
4. 무언가에 무척 열광하는 사람들을 이렇게 부르기도 해요.

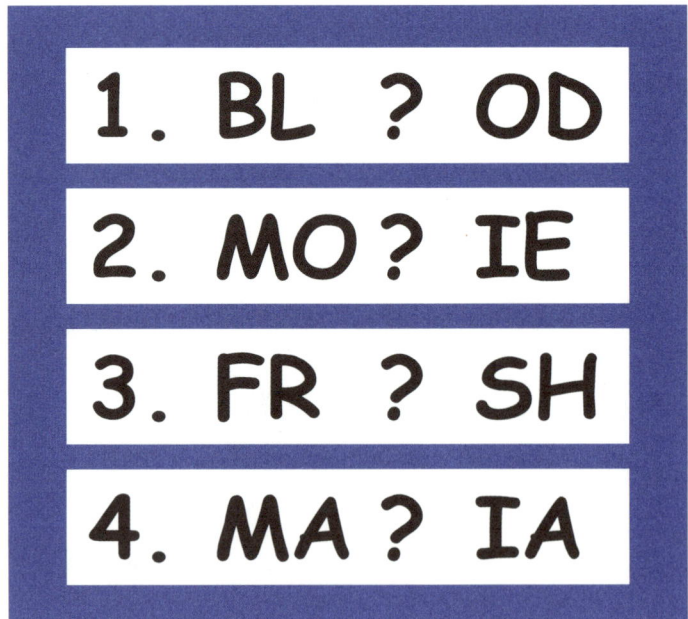

답 : 149쪽

★☆☆
034

컴퓨터 모니터 위에 나타난 글자는 어떤 규칙을 따르고 있어요.
어떤 규칙일까요?
물음표에는 어떤 글자가 들어가야 할까요?
달력에 힌트가 숨어 있어요.

답 : 149쪽

★★☆
035

아래 여섯 글자 순서만 바꾸면 뜻이 다른 다섯 낱말이 돼요.
왼쪽 도움말을 읽고 맞혀 보세요.
무엇일까요?

E A P T L S

여러 장의 종이를 묶는 작은 철사 조각 · · · · · · · · · · |　|　|　|　|　|　|

그림 도구(크레용) · |　|　|　|　|　|　|

음식을 담는 도구 · |　|　|　|　|　|　|

치마 같은 데서 천을 접어 만든 모양 · · · · · · · · · · · |　|　|　|　|　|　|

꽃잎 · |　|　|　|　|　|　|

답 : 149쪽

036

무시무시한 국제 범죄 조직의 비밀 본부로 들어가는 약도예요.
약도는 방향과 이동할 칸의 숫자가 차례로 표시되어 있어요.
지시대로 따라가면 두목의 방으로 가서 두목을 잡을 수 있을 거예요.
B에서 시작하세요.

| 약도 |

South, 2
East, 1
South, 2
West, 2
North, 4
Southeast, 1

답 : 150쪽

037

물음표를 글자로 바꾸면 낱말이 돼요.
도움말을 보고 물음표를 채워 보세요.
물음표 부분 글자만 아래로 죽 읽어 내리면 직업 중 하나를 뜻하는 단어가 돼요.
이 단어는 무엇일까요?

| 도움말 |

1. 살아 숨쉬는 데 꼭 필요한
2. 어마어마하다.
3. TV, 라디오 등에서 공연하는 극
4. 아빠의 남자 형제를 이렇게 불러요.
5. 다른, 그 밖에
6. 희미하게 빛나다.
7. 동물이면서 운송 수단

1. VI ? AL
2. GR ? AT
3. DR ? MA
4. UN ? LE
5. OT ? ER
6. GL ? AM
7. HO ? SE

답 : 150쪽

038

낱말 맞추기를 하려고 글자 블록을 바닥에 다 쏟아 놨어요.
하나, 둘, 셋….
몇 개밖에 못 맞췄는데 엄마가 밥 먹으라고 부르시네요.
낱말 맞추기도 좋지만 배에서 꼬르륵 소리가 나니 밥부터 먹어야겠어요.
밥 먹고 올 때까지 여러분이 제 대신 남은 글자 블록 23개의 자리를 찾아 줄래요?
낱말 풀이를 참고하면 제가 밥 먹고 오기 전에 다 맞출 수도 있겠네요.

1. 깃발
2. 냄새
3. 가정부, 하녀
4. '비싸다'의 반대말

5. 용접하다.
6. '전쟁'의 반대말
7. 고마워요.
8. 턱수염

답 : 150쪽

★★☆

039

꿈틀꿈틀 기어 다니는 곤충 다섯 마리가 있어요.
아래 암호표를 써서 다섯 곤충의 이름을 맞혀 보세요.

	1	2	3	4	5
A	A	B	C	D	E
B	F	G	H	I	K
C	L	M	N	O	P
D	Q	R	S	T	U
E	V	W	X	Y	Z

❶ A5.A1.D2.E2.B4.B2

❷ A3.A5.C3.D4.B4.C5.A5.A4.A5

❸ D3. C5. B4. A4. A5. D2

❹ A3.C4.A3.B5.D2.C4.A1.A3.B3

❺ A5.A1.D2.D4.B3.E2.C4.D2.C2

답 : 150쪽

★★☆
040

아래 암호표를 써서 다섯 낱말을 맞혀 보세요.

	A	B	C	D	E
1	T	R	I	Y	D
2	O	L	A	G	P
3	W	E	H	N	S

❶ 3D 3B 1C 2D 3C

❷ 3E 3D 2A 3A 1D

❸ 1B 3B 2C 1E 1D

❹ 1A 3C 2A 1B 3D

❺ 2B 2C 1B 2D 3B

답 : 150쪽

041

자주 쓰는 말인데 왼쪽 카드와 오른쪽 카드가 잘못 연결되어 있어요.
왼쪽이 모두 앞에 나오는 말이에요.
왼쪽 카드에 맞추어 오른쪽 카드의 순서를 알맞게 바꾸어 보세요.

답 : 151쪽

042

데굴데굴 굴러가는 바퀴예요.
바큇살에 들어가는 단어는 A로 시작하는 다섯 글자인데 가운데 한 글자가 모자라요.
바퀴 한가운데에 들어갈 글자는 무엇일까요?

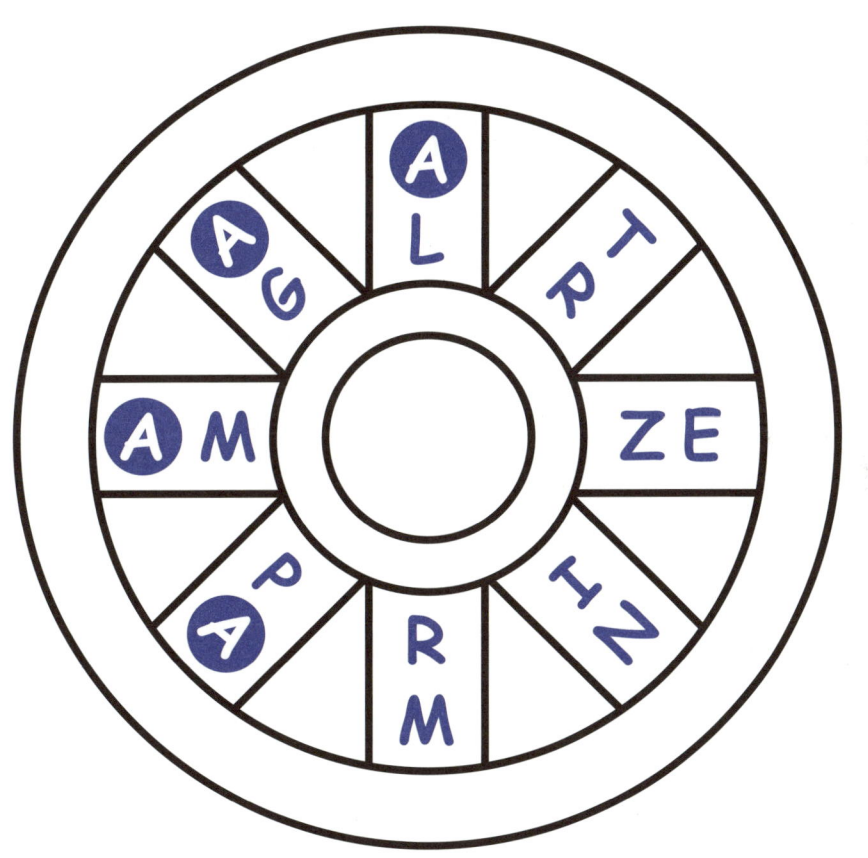

답 : 151쪽

043

꼬불꼬불 길 위에 놓인 낱말들이 어떤 규칙을 따르고 있네요.
규칙에서 벗어나는 낱말 하나는 무엇일까요?
낱말의 뜻보다는 생김새를 꼼꼼히 관찰해 보세요.

Adverb
Card
Engulf
Become
Grouch

답 : 151쪽

044

바보 월터가 동화 속 주인공이나 위인, 배우, 영화 주인공을 밀랍인형으로 만들어 전시해 놓은 '인형나라'에 취직했어요.
오늘은 동화 주인공들의 밀랍인형을 전시해 놓은 '동화세상'에서 일하기로 했어요. 그런데 첫날부터 대형 사고를 쳤어요.
밀랍인형 이름표의 성과 이름을 마구 뒤섞어 버렸어요.
이 바보가 앞으로도 일할 수 있도록 이름표 짝을 맞추는 일을 좀 도와주세요.

OLIVER	HOLMES
KING	FINN
SHERLOCK	TWIST
ROBIN	ARTHUR
HUCKLEBERRY	HOOD

답 : 151쪽

045

여러분의 도움으로 바보 월터는 '인형나라'에서 쫓겨나지 않았어요. 오늘은 세계에서 위대한 위인들을 전시해 놓은 '위인세상'에서 일하기로 했어요. 이번에도 월터는 인형 이름표의 성과 이름을 뒤죽박죽으로 만들어 버렸어요. 잔뜩 화난 사장님이 불쌍한 월터를 밀랍인형으로 만들어 버리지 않도록 이름표의 짝을 맞춰 주세요.

LEONARDO	BONAPARTE
ALBERT	EDISON
NAPOLEON	WASHINGTON
THOMAS	DA VINCI
GEORGE	EINSTEIN

답 : 151쪽

046

주어진 단어를 표의 가로줄마다 써 넣어요.
표에 주어진 철자를 참고해 빈칸에 단어의 철자를 하나씩 채워 보세요.
색칠한 칸에 들어갈 철자를 윗줄에서 아랫줄 순서대로 이으면 어떤 단어가 될까요?
이 단어는 '신체 부위 중 하나'를 뜻한답니다.

PRIME　　SNAKE
LOCAL　　STAKE

답 : 152쪽

047

축구 선수 베컴의 사인을 받고 싶어요.
사는 동네는 아는데 문제는 번지수를 몰라요.
베컴의 팬클럽과 베컴 이웃에게 얻은 단서를 살펴보세요.
번지수는 아래 숫자들 중 하나입니다.
이 정도면 베컴의 집 번지수를 알 수 있겠죠?

| 단서 1 |

Beckham's Taste

1. Favorite : Flower, Sun, Moon, Cat
2. Dislike : Bird

| 단서 2 |

1. 번지수는 7로 나누어지지 않는다.
2. 번지수를 2로 나누면 15와 17 사이가 된다.

답 : 152쪽

048

다섯 단어의 철자를 각각 마구 뒤섞어 놓았어요.
단어마다 쓸데없는 철자 하나만 빼 놓고 순서에 알맞게 배열해 보세요.
남는 철자들은 쓰레기통에 버리지 말고, 모아서 순서에 알맞게 배열해 보세요.
각 단어들은 나라의 수도 이름이랍니다.

dslnono

repias

amoro

luernbi

lookyt

답 : 152쪽

049

알리바바는 우연히 도둑이 보물을 감추어 놓은 동굴을 발견했어요.
동굴은 엄청나게 큰 문으로 막혀 있는데, 아무리 힘껏 밀어도 열리지 않네요.
도둑이 보물을 지키기 위해 암호를 눌러야만 문이 열리도록 설계했거든요.
가로줄마다 끝에 있는 숫자는 그 줄에서 눌러야 할 글자판 개수에요.
각 줄에서 한 낱말씩 찾으면 되요.
각 줄에서 맨 처음 눌러야 할 글자는 색이 칠해져 있어요.
글자판을 바르게 누르면 한 문장이 될 거예요.
암호는 무엇일까요?

답 : 152쪽

세 철자로 이루어진 단어 여섯 개가 뒤섞여 있어요.
단어를 이루는 글자 세 개는 글자꼴이 서로 달라요.
글자꼴은 저마다 다르지만 순서는 언제나 **A** B **C** 이렇게 되죠.
여섯 단어는 무엇일까요?

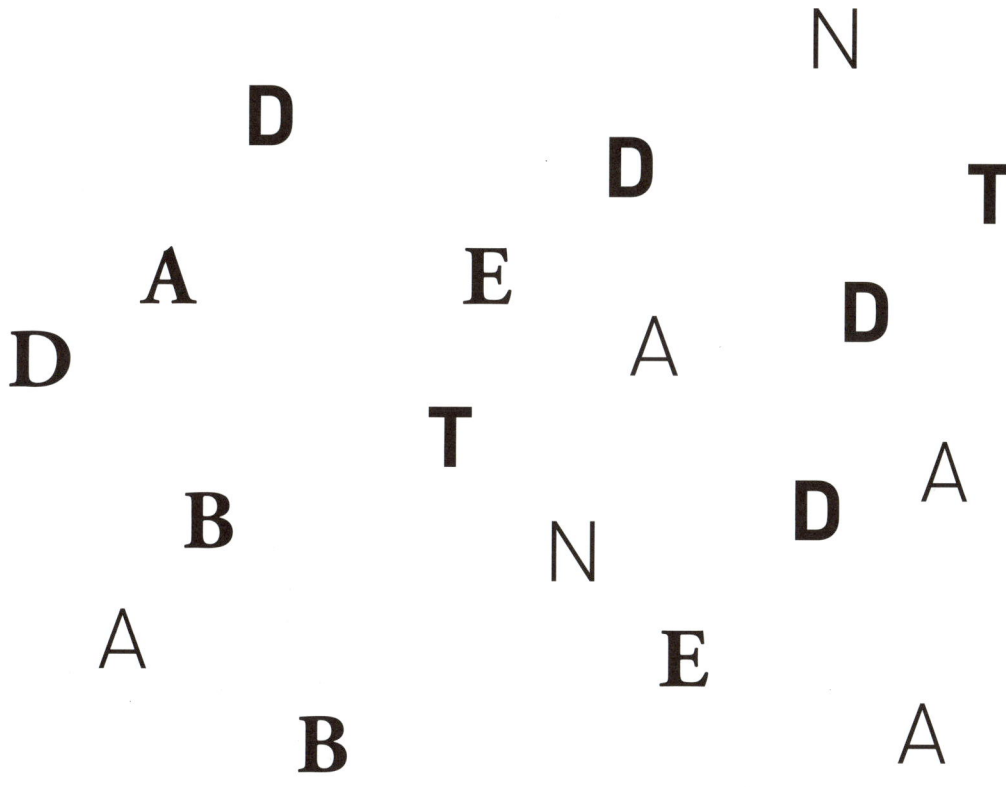

답 : 152쪽

051

나라 이름에서 앞 글자 하나, 뒤 글자 하나를 없앴어요.
알아볼 수 있나요?

ORTUGA

UNGAR

UMANI

ERMAN

REEC

답 : 152쪽

052

여덟 꽃잎에 낱말이 하나씩 들어 있어요.
낱말마다 앞에 다른 낱말 하나가 붙으면 새로운 낱말 여덟 개가 생겨요.
어떤 낱말일까요?

답 : 152쪽

053

아래 표 속에는 여러분이 좋아하는 컴퓨터 게임 이름이 숨어 있어요.
M이랑 S로 시작하는 두 가지 게임인데, 철자가 뒤섞여 있어요.
철자를 한 번씩 모두 써서, 알맞게 배열해 게임 이름을 맞혀 보세요.

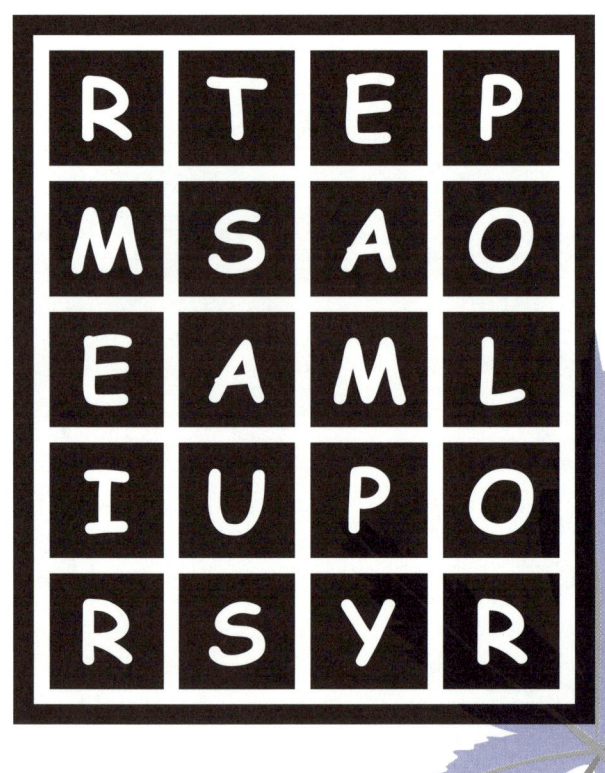

답 : 153쪽

054

우와, 아래 표에는 11마리 동물의 이름이 숨어 있어요.
가로, 세로, 대각선 줄 방향으로 다 찾을 수 있어요.
철자는 겹쳐도 되고, 읽는 방향은 자유로워요.

T	A	B	E	A	R	G	S	G	A
P	C	O	D	F	O	T	S	H	B
A	G	O	T	R	Q	U	N	V	D
R	T	H	F	L	M	N	A	W	R
R	C	I	D	E	S	A	K	K	A
O	R	S	G	T	U	N	E	L	P
T	A	V	T	E	C	B	O	P	O
U	G	Z	Q	S	R	L	J	R	E
H	I	Y	E	K	N	O	M	E	L
C	E	L	E	P	H	A	N	T	D

답 : 153쪽

055

다섯 꽃잎에 낱말이 하나씩 들어 있어요.
그런데 낱말의 철자가 뒤섞여 있네요.
철자의 순서를 바르게 배열하면 꽃잎마다 꽃 이름이 하나씩 나올 거예요.
이 중에는 빈센트 반 고흐가 즐겨 그린 꽃도 있답니다.
꽃 이름은 무엇일까요?

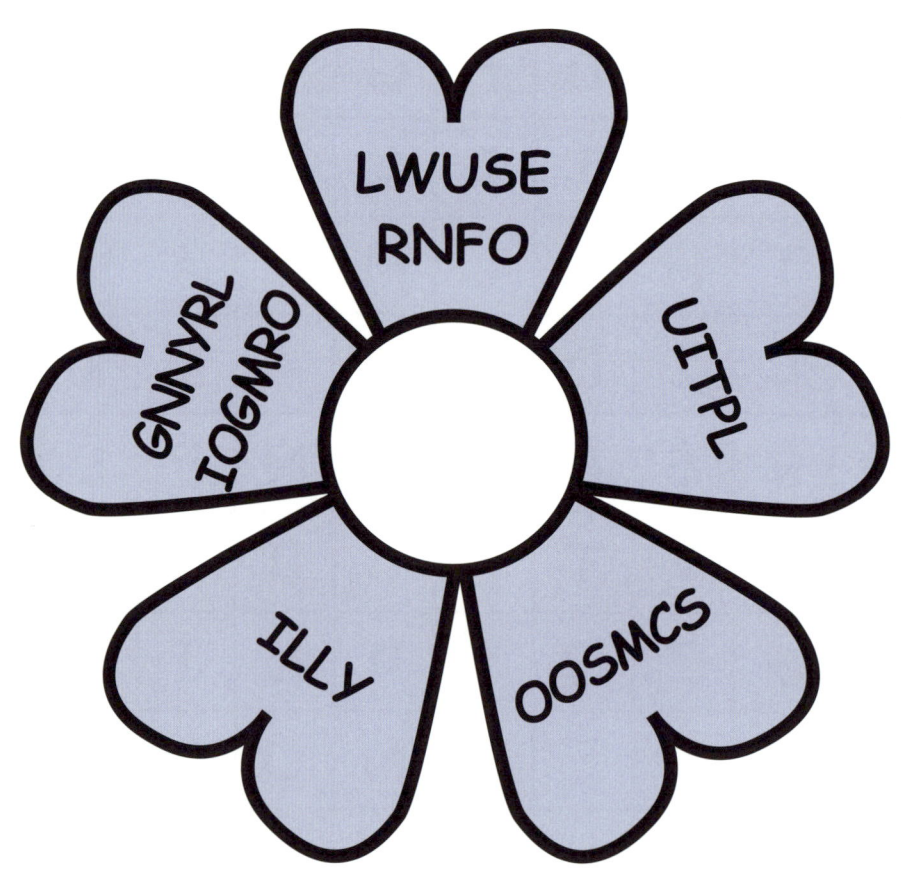

답 : 153쪽

056

아래에 모음이 'E' 하나만으로 이루어진 낱말들이 있어요.
커다란 'E' 글자 모양에서 한번 찾아보세요.
철자가 놓인 방향은 여러 가지입니다. 두 번 나오는 낱말도 있네요. 어떤 것일까요?

BEETLE	EFFECT	HERE	MESSENGER	PEPPER	TEPEE
CEMETERY	ENTENTE	JESTER	MERGE	REFEREE	VESSEL
CLEVER	FERMENT	KESTREL	METHYLENE	REFERENCE	WHEREVER
CRESCENT	GREENERY	LETTER	NEEDLE	SEETHE	THEME
DETERGENT	HELMET	MEDLEY	NETTLE		

답 : 153쪽

057

도움말을 보고 번호에 맞추어 표의 가로줄마다 답을 적어 보세요.
가로와 세로가 똑같은 낱말이 만들어질 거예요.

| 도움말 |

1. '느리다'의 반대
2. 땅의 어느 한 곳
3. 물건 한 벌이나 경기 한 판
4. 할 일

답 : 154쪽

058

바보 월터가 우편배달부로 우체국에 취직했어요.
영화배우 토토로 씨 집에 중요한 우편물을 갖다 줘야 해요.
그런데 정확한 집주소를 몰라서 우체국 직원들에게 물어 보니 몇 가지 단서를 알려 주었어요.
월터가 집을 제대로 찾을 수 있게 도와주세요.

| 단서 1 |

Totoro's Taste

1. Favorite : Wine
2. Dislike : Pet, Flower, Newspaper

| 단서 2 |

1. 번지수는 3으로 나누어지지 않는다.
2. 번지수는 1과 번지수를 제외한 다른 수 하나로 나눌 수 있다.

답 : 154쪽

이 단어는 왼쪽 줄의 낱말 뒤에 붙거나 오른쪽 줄의 단어 앞에 붙어 새 단어 여덟 개를 만들어요.
철자 네 개로 이루어진 단어를 맞혀 보세요.
어떤 단어일까요?

답 : 154쪽

★★☆
060

글자들을 배불리 먹은 먹구름이 몰려왔네요.
맨 위 구름부터 아래로 내려가면서 구름마다 글자를 하나씩 골라 순서에 알맞게 배열해 보세요.
철자 네 개로 이루어진 단어가 네 개 나올 거예요.
모두 날씨를 나타낸답니다.

답 : 154쪽

★★☆
061

도움말을 보고 답을 적어 보세요.
답들의 첫 글자만 죽 읽어 내려갔을 때 나오는 단어는 무엇일까요?
'꿍꿍이'와 관련 있는 단어랍니다.

| 도움말 |

흥미, 관심		
1, 2, 3, 4……		
나무		
경주(달리기)		
아시아 남부에 커다란 반도		
접착제		
날씨가 궂은 날 꼭 챙겨요.		
코가 손인 동물		

답 : 155쪽

062

무시무시한 국제 테러 조직이 공항에 폭탄을 설치했어요.
재깍재깍 폭탄에 연결된 시계가 움직이기 시작했네요.
폭탄에 붙어 있는 버튼 중 테러 조직이 정해 놓은 버튼 하나를 누르면 폭탄에 달린 시계는 멈출 거예요.
어떤 버튼을 눌러야 할까요?
테러 조직이 남기고 간 암호를 풀어 폭탄 중지 버튼을 찾아보세요.
암호에는 방향과 이동할 칸의 숫자가 차례로 표시되어 있어요.
여러분의 기지로 많은 사람들의 목숨을 살려 주세요.

| 암호 |

Clockwise, 2
Anticlockwise, 3
In, 1
Anticlockwise, 3
Out, 1
Clockwise, 3
In, 1
Anticlockwise, 2

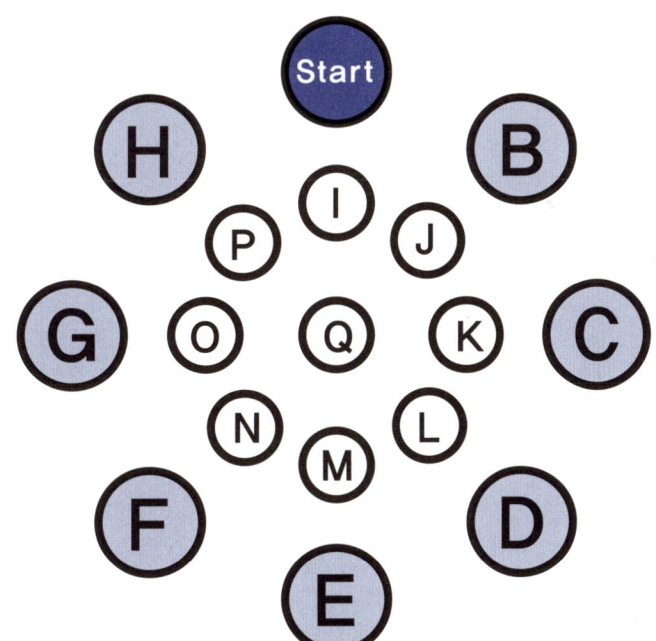

답 : 155쪽

063

학교에 빠지고 싶어 하는 여덟 아이가 숨어 있어요.
아! Josh는 저기 있군요! Pete, Susie, Dick, Michelle, Holly, Larry, Julia를 표에서 찾을 수 있나요?
철자를 잇는 방향은 자유롭고, 대각선으로 이어도 돼요.

J	H	A	C	D	J	U	L	V	Q
O	S	R	T	S	U	L	N	I	P
A	P	V	D	N	E	S	I	E	A
N	E	W	K	I	P	Q	U	R	H
C	T	E	L	J	C	S	O	G	T
Y	Q	T	E	I	U	K	Z	X	C
R	E	L	L	E	H	C	I	M	R
R	V	A	K	L	T	E	B	O	J
A	T	U	H	O	L	L	Y	Y	S
L	K	L	H	O	P	R	U	T	G

답 : 155쪽

064

★★☆

여섯 가지 영어 단어를 맞혀야 해요.
도움말을 보고 답을 적어 보세요.
답들의 첫 글자만 죽 읽어 내려갔을 때 나오는 단어는 무엇일까요?
'전쟁의 일부'와 관련 있는 단어예요.

| 도움말 |

세상에 태어난 날		
대답		
전차		
식사할 때 쓰는 탁자		
법률		
적		

답 : 155쪽

065

★★☆

영어 단어가 말풍선에 하나씩 들어 있어요.
그런데 단어의 철자가 뒤죽박죽 섞였어요.
철자를 바르게 배열하면 각각 세계 여러 나라에서 쓰는 언어를 뜻한답니다.
각 단어는 무엇일까요?

답 : 155쪽

066

문제들이 서로 이어져 있어요.
윗줄에서 답으로 나온 낱말이 다음 줄의 실마리가 될 거예요.
첫 문제에서 틀려 버리면 다음 문제는 풀 수 없겠죠?
세 번째 낱말은 알려 줄게요.

1. 이걸 많이 가지고 있는 사람을 '부자'라고 불러요.

2. 첫 글자를 바꾸면 먹을 것이 되죠.

3. 앞에 한 글자를 붙이면 가짜가 되죠. _____ Phoney _____

4. 끝 글자를 없애 멀리 있는 사람과 이야기꽃을 피워 봐요.

5. 첫 글자를 없애고 세 번째 글자를 바꿔 살 곳으로 만들어요.

6. 세 번째 글자를 바꿔요. 이 곳에 빠지지 않게 조심해요.

7. 첫 글자를 바꿔요. 굴 파는 동물이 됐군요.

답 : 155쪽

067

여섯 글자로 이루어진 영어 단어 여섯 개가 있어요.
그중 몇몇 글자가 카드 기호로 바뀌었군요.
같은 기호끼리는 같은 글자예요.
옆에 도움말이 있으니까 긴장하지 말고 풀어 보세요.

| 도움말 |

노란색이고 빵에 발라먹으면 맛있어요.

여기 가면 부처님을 만날 수 있어요.

액체를 계량할 때 쓰는 단위로,
석유에 관한 뉴스에서 자주 나와요.

더 오래, 더 길게!

비누를 문지르면 생겨요.

총합, 합계, 전체를 의미해요.

답 : 156쪽

068

동화 주인공을 맞히는 문제예요.
지구와 멀리 떨어진 행성에서 홀로 까다로운 장미꽃 한 송이를 돌보며, 슬플 때면 해가 지는 모습을 바라보는 걸 좋아해요.
이 동화의 제목이기도 한 아이는 누구일까요?
아래에 있는 영어 철자들이 힌트랍니다.

답 : 156쪽

069
★☆☆

아래 영어 문장마다 나라 이름을 뜻하는 영어 단어를 하나씩 꽁꽁 감춰 놓았어요.
뉴질랜드, 독일, 캐나다, 덴마크, 아일랜드 이렇게 다섯 나라예요.
숨어 있는 낱말의 철자는 떨어져 있을 뿐 연속되어 있어요.
다섯 나라를 뜻하는 단어는 어디에 숨어 있을까요?

> "The names are well hidden, mark my words!
> I can adamantly state you will not find them.
> It will anger many of you to search in vain.
> But do not let your ire land you in trouble.
> Attack the problem with new zeal and overcome it."

답 : 156쪽

070

상자마다 어울리지 않는 낱말이 하나씩 들어 있어요.
여섯 개 모두 찾아보세요.

1. cheese milk butter eggs	2. January September August December	3. octopus ant cricket butterfly
4. mouse sheep dove hippo	5. California Utah Texas Oslo	6. Ganges Thames Mississippi Cambridge

답 : 156쪽

★★☆
071

도움말이 일곱 개로군요.
모두 병원과 관련 있는 낱말이에요.
모음은 미리 채워 놓았어요.
친절하죠?

1. 삐뽀삐뽀! | A | | U | A | | E |

2. 몸속에 뼈까지 훤히 보여 줘요. | | A | |

3. 따끔해요. | I | | E | | I | O |

4. 의사 선생님을 도와 환자를 돌봐요. | | U | | E |

5. 약을 파는 곳이에요. | | A | | A | |

6. 다리가 불편한 사람이 움직일 때 사용해요. | | E | E | | | A | I |

7. 몸에 큰 상처나 병이 생기면 필요해요. | | U | | E | |

답 : 157쪽

락과 팝의 스타들이에요.
한 사람만 빼놓고 글 상자에서 찾을 수 있을 거예요. 누가 빠졌을까요?
앞으로, 뒤로, 위로, 아래로, 대각선으로 마음대로 찾아보세요.

Alexander O'Neal	Cathy Dennis	Madonna	Richard Marx
Amy Grant	Cher	Mariah Carey	Right Said Fred
Belinda Carlisle	Debbie Gibson	Martika	Take That
Billy Joel	En Vogue	Michael Jackson	Whitney Houston
Bobby Brown	Heart	New Kids on the Block	Wilson Philips
Bon Jovi	Jade	Prince	
Bruce Springsteen	Janet Jackson	REM	

```
D A M E G O N O S B I G E I B B E D O I
A Y I D U T T S P R I N G W H C A M S L
X O C G O H A N N O D A M R N A K O L L
M C H H D G K D A J B U N I Y T I D A J
I S A P E I E U P R I R R G E Z T E E D
N P E W O R T V E I G P E H R I R L N E
O I L S P Y H I E D F Y O T A R A L O L
T L J N I R A F A O A D M S C P M I R S
S L A O T N T I T Z G J V A H M X B E I
U I C B E E N V O G U E U I A E E K D L
O H K C O L B E H T N O S D I K W E N R
H P S D S O C E D A B E S F R A K E A A
Y N O A S O A R I Y F A N R A R C H X C
E O N J R R I Z E R H N O E M A A C E A
N S C E T V A Y A M E T D D V T J N L D
T L E R O N X R A M D R A H C I R I A N
I I Q J N E W K P H I L M C A K T B L I
H W N E E T S G N I R P S E C U R B A L
W O J B O B B Y B R O W N H A M E N P E
B E Q U I V A R K L P L E O J Y L L I B
```

답 : 157쪽

073

소설 이름을 맞히는 문제예요.
셰익스피어가 썼고, '1파운드의 살점을 가져가되 피는 한 방울도 흘려서는 안 된다.'
는 명판결로 유명한 이야기랍니다. 아래 철자들을 사용해 맞혀 보세요.

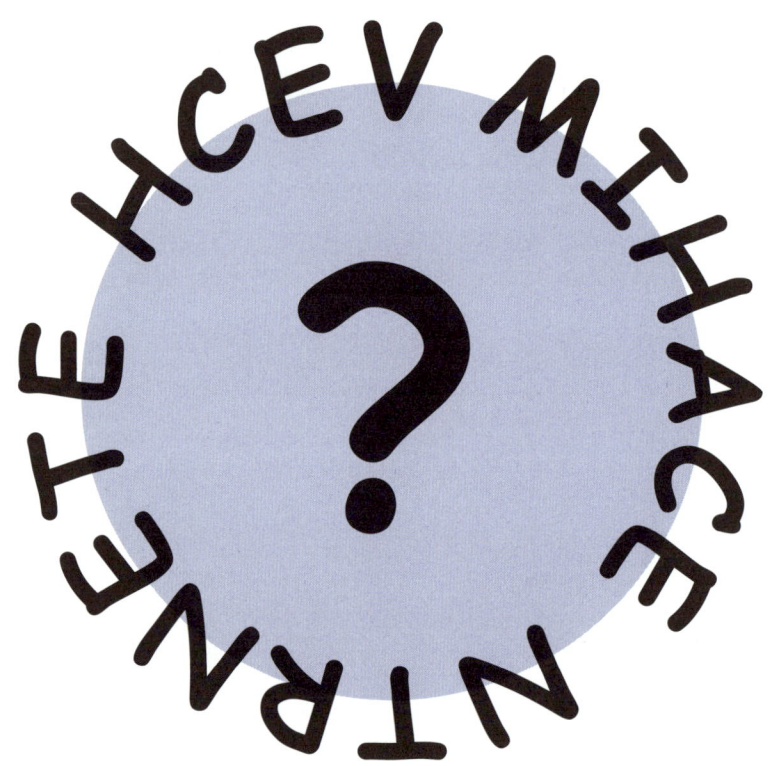

답 : 157쪽

074

바보 월터가 기상천외한 동물 쇼로 유명한 동물원에 취직했어요. 월터가 할 일은 쇼에 출연할 동물들의 아침 식사를 준비하는 일이에요. 조련사는 월터를 시험해 보려고 오늘 쇼에 나가는 동물 명단을 모두 암호로 만들었어요. 명단을 받은 월터는 눈앞이 깜깜했어요. 이러다 동물들을 모두 굶기고 말겠어요. 똑똑한 친구들이 이번에도 월터를 좀 도와주세요.
아래 암호표를 써서 여섯 동물의 이름을 맞혀 보세요.

	1	2	3	4	5
A	A	B	C	D	E
B	F	G	H	I	K
C	L	M	N	O	P
D	Q	R	S	T	U
E	V	W	X	Y	Z

❶ E5. A5. A2. D2. A1

❷ A5. C1. A5. C5. B3. A1. C3. D4

❸ C5. A5. C3. B2. D5. B4. C3

❹ A4. C4. C1. C5. B3. B4. C3

❺ A3. A1. C2. A5. C1

❻ B3. B4. C5. C5. C4

답 : 157쪽

075

동화 주인공의 이름을 맞히는 문제예요.
이 사람은 집밖에 너무 오래 있다가 그만 돌아올 때를 놓치고 말았어요.
그리고 구두도 한 짝 잃어버렸어요.
이야기가 행복하게 끝날 수 있도록 이 여자 주인공의 이름을 찾아 주세요.
아래 뒤섞인 철자를 바르게 배열하면 이름을 맞힐 수 있어요.

답 : 157쪽

076

수수께끼 한 판!
악기 이름을 뜻하고, 아홉 글자로 이루어진 영어 단어를 맞혀 보세요.
이 악기는 보통 금색으로 반짝반짝 빛나요.
연주할 수 있는 음역에 따라 크기와 모양이 조금씩 달라요.
알파벳 'J'와 똑 닮은 모양으로 가장 유명하답니다.

" 첫 번째 글자는 'PROMISE'에는 들어 있지만 'PRIZE'에는 없어요.
두 번째 글자는 'ACTOR'에는 들어 있지만 'COMPROMISE'에는 없어요.
세 번째 글자는 'EXCELLENCE'에는 들어 있지만 'OVER'에는 없어요.
네 번째 글자는 'ORANGE'에 들어 있고 'CLOVER'에도 들어 있어요.
다섯 번째 글자는 'SLOPE'에는 들어 있지만 'GREASE'에는 없어요.
여섯 번째 글자는 'SHELF'에는 들어 있지만 'PEACE'에는 없어요.
일곱 번째 글자는 'POLITE'에 들어 있고 'POINT'에도 들어 있어요.
여덟 번째 글자는 'TONGUE'에 들어 있고 'ANOINT'에도 들어 있어요.
아홉 번째 글자는 'GRAPE'에는 들어 있지만 'GONG'에는 없어요. "

답 : 157쪽

077

동물의 비늘에 공룡 이름의 철자가 뒤섞여 있어요.
물론 그림에 있는 동물은 아니에요.
어떤 공룡일까요?
힌트를 주자면 거칠기로 유명한 육식 공룡의 이름이랍니다.

답 : 158쪽

078

물음표 자리에 글자를 하나씩 집어넣어 보세요.
왼쪽 낱말을 끝내는 글자이면서 동시에 오른쪽 낱말을 시작하는 글자이기도 하죠.
물음표에 들어가는 글자를 위에서 아래로 읽어 내려가면, 아주 유명한 미국 영화배우 이름이 돼요.
누굴까요?

STAR	?	WIN
CELL	?	MISSION
FAR	?	ASK
ACROBATI	?	ANDY
ANGLE	?	AFTER
MEN	?	NIT
CHILL	?	SLAM
TUB	?	HOE
SHIN	?	BONY

답 : 158쪽

079

수수께끼 한 판!
집 종류 중 하나를 뜻하며, 다섯 글자로 이루어진 낱말이에요.
눈으로 만들고, 모양은 꼭 축구공을 반으로 잘라 뒤집어 놓은 것 같아요.

> 첫 번째 글자는 'TIGER'에 들어 있지만, 'CAT'에는 없어요.
> 두 번째 글자는 'UGLY'에 들어 있지만, 'ACROBAT'에는 없어요.
> 세 번째 글자는 'UMBRELLA'에 들어 있고, 'BELL'에도 들어 있어요.
> 네 번째 글자는 'OWL'에 들어 있지만, 'JEWEL'에는 없어요.
> 다섯 번째 글자는 네 번째 글자와 쌍둥이예요.

답 : 158쪽

★ ☆ ☆
080

사람들이 많이 기르는 동물 이름 셋이 마구 뒤섞였어요.
단, 각 이름을 이루는 글자는 차례대로 찾을 수 있어요.

DGO
O
RAG
L
DBB
F
IITS
H

답 : 159쪽

081

다음 단어들은 읽기 힘들 거예요.
원래는 미국의 주 이름을 뜻하는 단어인데, 컴퓨터 오류로 모음이 모두 빠졌어요.
모음을 알맞게 넣어 미국의 주 이름을 완성해 보세요.

CLFRN

DH

NBRSK

HW

LSK

답 : 159쪽

★★★ 082

모두 다섯 글자로 이루어진 낱말이에요.
번호에 맞추어 가로줄마다 답을 다 적으면, 첫 번째 세로줄과 다섯 번째 세로줄의 낱말이 각각 별자리 이름이 될 거예요.
두 별자리는 무엇일까요?

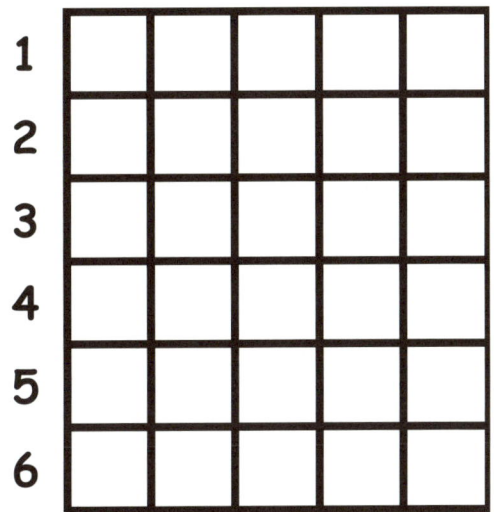

1. 살금살금 움직이다.

2. 범죄가 일어났을 때 범행현장 외에 다른 곳에 있었다고 증명하는 것

3. 손과 발에 있는 딱딱한 부분

4. 다른 사람을 웃게 하는 것이 직업인 사람

5. 고기를 먹고 사는 새. 날카로운 부리와 발톱을 지니고 있다.

6. 기차가 다니는 길

답 : 159쪽

★☆☆
083

왼쪽 상자 안의 낱말들에는 한 가지 공통점이 있어요.
그런데 왼쪽 상자에 들어 있던 낱말 하나가 물음표 오른쪽으로 빠져나왔어요.
오른쪽 낱말 가운데 왼쪽 상자로 옮길 낱말은 무엇일까요?
낱말 속에 숨겨진 단어를 잘 살펴보세요.

DRAPERY	SPEND
COWARD	SAUCER
SPIGOT	CATAPULT
DOGGED	BICYCLE

답 : 159쪽

084

★ ☆ ☆

상어란 녀석 정말 욕심쟁이예요.
바다 속에 사는 동물들을 마구 잡아먹고 낱말 찌꺼기를 남겨 놓았네요.
낱말 찌꺼기를 잘 이어 붙여 바다 속에 사는 동물 일곱 종류를 만들어 보세요.
모두 제대로 붙이고 나면 남아도는 낱말 찌꺼기가 한 덩어리 있을 거예요.
무엇일까요?

WHA   TU   TLE   MON
   CUTTLE   PUS
               SAL
   SEA   TUR   LE
OCTO   FISH
               HORSE
      NA   BEL

답 : 159쪽

085

표에 있는 아홉 글자를 모두 써서 영어 단어를 만들어 보세요.
줄타기, 덤블링, 물구나무서기, 공중그네, 접시돌리기 모두를 뜻하는 말이랍니다.
이 정도면 감 잡았겠죠?

답 : 160쪽

086

수수께끼 한 판!
어떤 나라의 도시 이름을 맞추는 문제예요.
유럽에 있는 나라이고요. 빨간 바탕에 흰색 십자가가 그려진 국기를 사용하는데, 와! 현존하는 국기 중 가장 오래되었다고 하네요.
《성냥팔이 소녀》와 《미운 오리새끼》의 작가 안데르센이 태어나고 살았던 나라의 수도이기도 해요.
열 글자로 이루어진 도시 이름은 무엇일까요?
아래 도움말을 참고해 풀 수도 있어요.

> 첫 번째 글자는 'TRACE'에는 들어 있지만 'PLAN'에는 없어요.
> 두 번째 글자는 'POINT'에는 들어 있지만 'MILAN'에는 없어요.
> 세 번째 글자는 'PORTRAIT'에는 들어 있지만 'SUNRISE'에는 없어요.
> 네 번째 글자는 'PRETTY'에 들어 있고 'SURPRISE'에도 들어 있어요.
> 다섯 번째 글자는 'FRIEND'에는 들어 있지만 'COMPARE'에는 없어요.
> 여섯 번째 글자는 'GHETTO'에는 들어 있지만 'DESPAIR'에는 없어요.
> 일곱 번째 글자는 'DECADE'에 들어 있고 'DAMP'에도 들어 있어요.
> 여덟 번째 글자는 'GINGER'에는 들어 있지만 'REVAMP'에는 없어요.
> 아홉 번째 글자는 'GOVERN'에 들어 있고 'NICE'에도 들어 있어요.
> 열 번째 글자는 'LANGUAGE'에는 들어 있지만 'CASE'에는 없어요.

답 : 160쪽

087

밤하늘에 별이 무수히 떠 있네요.
아래에서 별과 관련된 영어 단어 11개를 찾아보세요.

URSA MAJOR BETELGEUSE
ORION COPERNICUS
CLUE ANT
HORSE PLUTO
NEBULA CASSIOPEIA
JOHN MAJOR PERSEIDS
NEPTUNE HALLEY'S
VENUS COMET
HADES DOME

답 : 160쪽

088

유명한 사람들의 이름 철자가 뒤섞였어요.
도움말을 참고해서 철자를 바르게 배열해 보세요.

| 도움말 |
1. 두 번이나 대통령에 당선되었던 미국 정치인이에요. 이 사람의 아버지 역시 대통령이었답니다.
2. 영국 작가예요. 불우한 소년과 지독한 구두쇠가 등장하는 이야기를 썼어요.
3. 미국 여배우예요. 영화 속에서 이 배우가 도자기를 만드는 장면은 아주 유명해요.
4. 고음을 아주 멋지게 부르는 미국 여자 가수예요.
5. 사과가 떨어지는 것을 보고 만유인력의 법칙을 발견한 영국 과학자죠.

1. G's huge bore
2. C kindles Search
3. Moodier Me
4. Shy without neon
5. A new antic-So?

답 : 161쪽

089

가로줄마다 적힌 나라 이름에서 한 글자씩 떼어 내면 새로운 나라 이름을 만들 수 있어요.
일곱 글자로 이루어진 나라 이름은 무엇일까요?
여긴 온통 얼음뿐이랍니다!

IRELAND
AMERICA
GERMANY
FINLAND
AUSTRIA
DENMARK
ENGLAND

답 : 161쪽

090

세 철자로 이루어진 단어 다섯 개가 뒤섞여 있어요.
모두 동물 이름이에요.
단어를 이루는 글자 세 개는 글자꼴이 서로 달라요.
글자꼴은 저마다 다르지만 순서는 언제나 A B C 이렇게 되죠.
다섯 단어는 무엇일까요?

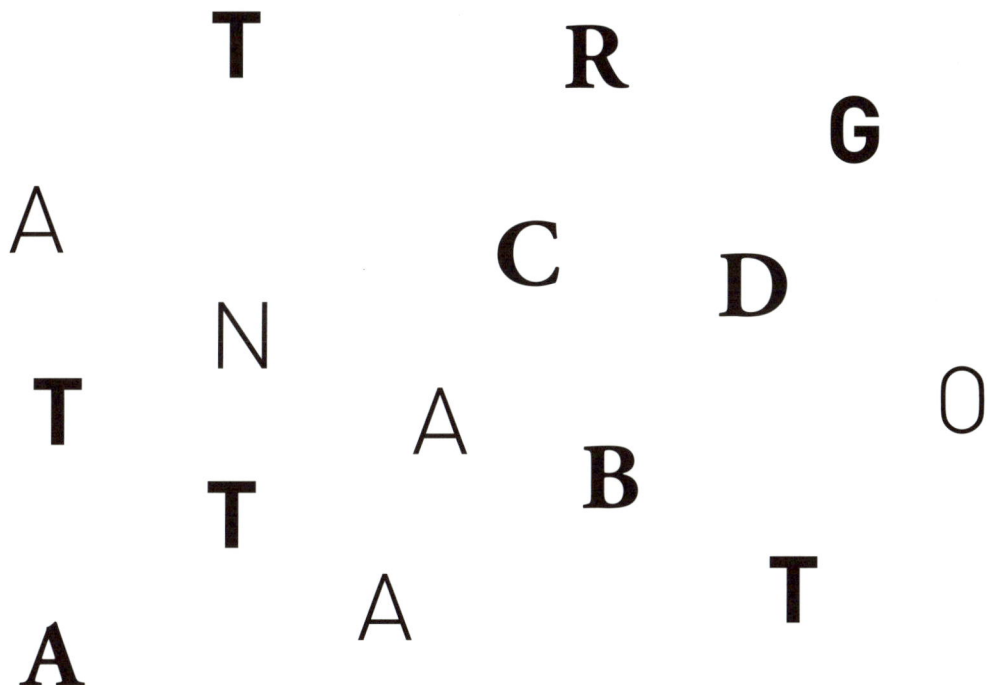

답 : 161쪽

091

전구 안에 글자들이 어지럽게 널려 있어요.
전구 번호 순서대로, 각 전구에서 한 글자씩 빼내어 바르게 배열하면 다섯 글자로 이루어진 단어 다섯 개를 만들 수 있어요.
이 단어들은 무엇일까요?
모두 '빛'과 관련된 단어랍니다.

답 : 161쪽

092

음식 이름을 뜻하는 영어 단어 여섯 개를 반으로 잘라 아래쪽만 놓아두었어요. 어떤 음식일까요?

PIZZA CHICKEN

DOUGHNUT SANDWICH

SALAD ICECREAM

답 : 161쪽

093

아래 영어 문장마다 동물 이름을 뜻하는 영어 단어를 두 개씩 숨겨 놓았어요. 고양이, 양, 상어, 말벌, 토끼, 말, 원숭이, 영양, 소, 원숭이, 개, 햄스터가 숨어 있습니다. 차례대로 찾아보세요.

> 1. On her job application form she epitomised all the qualities they required.
> 2. Noah's tendency to cherish arks was perfectly understandable.
> 3. William wants to grab bits of gossip like him, do you abhor secrecy.
> 4. Peering through the uncommon keyhole he learnt of plans of their brilliant elopement.
> 5. He would like to go to Moscow but she insists on Budapest.
> 6. His bravado gave us a false impression: indeed the whole thing's a sham, sternness being our best reaction.

답 : 161쪽

094

아래에 영어 단어를 쪼개어 섞어 놓았어요.
쪼개진 영어 철자들은 원래 어떤 단어였을까요?
도움말에 각 단어들의 뜻과 단어를 이루는 철자 수를 적어 놓았어요.
이를 참고해 영어 단어를 맞혀 보세요.

A	AP	DI	EM	GO
IN	IT	JE	LE	LEM
LY	MARE	NA	NEP	NIGHT
ON	OR	PER	PLE	PO
RU	SA	TUNE		

| 도움말 |

1. 피사의 사탑이 있는 유럽 국가(5)
2. 프랑스의 군인이자 황제(8)
3. 무지개의 여섯 번째 색(6)
4. 마녀가 백설공주에게 준 과일(5)
5. 무서운 꿈(9)
6. 이스라엘의 수도(9)
7. 천왕성과 명왕성 사이에 있는 행성(7)
8. 최고위 통치자이자 제국의 지배자(7)

답 : 161쪽

095

표에 적힌 철자들은 가로줄마다 한 단어를 이뤄요.
줄마다 오른쪽에는 철자들이 이루는 영어 단어의 뜻이 적혀 있답니다.
뜻을 참고해 표의 빈칸을 모두 채워 보세요.
뱀 그림이 지나는 영어 철자를 이으면 어떤 단어가 나타날까요?

A		C	E	N	D	올라가다
		T		L		싸움
A	R	A	B	I	A	중동
C		E				건방진
		O		Z		갈색 금속
E				L		가장 큰 육식 새
A	R			I	C	북쪽 가장 끝에 있는 추운 지역
B	O	U	G	H	S	가지

답 : 162쪽

096

나무에 글자가 주렁주렁 열렸네요.
다섯 덩어리로 묶인 글자의 순서를 덩어리마다 바르게 배열하면 나무에서 열리는 열매 이름이 하나씩 나와요.
무엇일까요?

답 : 162쪽

097

지구에서 38만 4,400km 떨어진 달이에요.
달에 있는 글자를 바르게 배열하면 달과 관련된 낱말 두 개가 된답니다.
무엇일까요?

답 : 162쪽

098

대니네 반이 미술관으로 견학을 나갔어요.
선생님은 제발 아무 일 없기를 바랐지만 미술관으로 들어간 지 몇 분도 지나지 않아 대니는 화가의 이름을 바꿔치기 하고 말았죠.
왼쪽 낱말과 오른쪽 낱말을 하나씩 합쳐서 이름과 성을 완성해 주세요.
관리인이 알아채면 대니네 반 학생을 모두 내쫓을지도 몰라요.

VINCENT	CHAGALL
LEONARDO	PICASSO
PABLO	MAGRITTE
RENE	DA VINCI
MARC	VAN GOGH

답 : 162쪽

099

글 하나마다 스포츠 종목을 뜻하는 영어 단어가 하나씩 숨어 있어요.
스케이트, 배드민턴, 하키, 승마, 사이클을 뜻하는 영어 단어를 찾을 수 있나요?
숨어 있는 낱말의 철자는 떨어져 있을 뿐 연속되어 있어요.

> 1. The whole thing was rather a shock, eyebrows being raised in the highest of places.
> 2. The English aristocracy clings to old values, for it fears a world without them.
> 3. That really was a bad mint on the whole; it stuck to my teeth like glue.
> 4. Her horrid ingratitude was beyond belief, and she was sent to bed without supper.
> 5. He started making loud jokes in order to mask a tingling in his left foot.

답 : 162쪽

★★★
100

문어의 다리마다 바다에 사는 동물 이름이 적혀 있네요.
이름마다 첫 글자에 색깔 표시를 해 두었어요.
첫 글자부터 순서대로 읽으면 동물 이름이 나타날 거예요.
앗! 그런데 어떤 글자들은 X로 감춰져 있어요.
X로 숨겨진 영어 철자를 찾아 동물 이름 여덟 개를 완성해 볼까요?

답 : 162쪽

101

아래에 영어 단어를 쪼개어 섞어 놓았어요.
쪼개진 영어 철자들은 원래 어떤 단어였을까요?
도움말에 각 단어들의 뜻을 적어 놓았답니다.
이를 참고해 영어 단어를 맞혀 보세요.

BI	CLE	COM	CY	FISH
GA	GOLD	HA	MA	NA
OS	PIZ	PU	TER	TRICH
VA	ZA	ZINE		

| 도움말 |

1. 정보 연산 장치
2. 쿠바의 수도
3. 이탈리아 사람 누구나 즐기는 파이
4. 애완 물고기
5. 날지 못하는 커다란 새
6. 정기간행물
7. 페달을 밟아 바퀴를 움직이는 탈것

답 : 163쪽

102

왼쪽 상자 안의 낱말들에는 한 가지 공통점이 있어요.
그런데 왼쪽 상자에 들어 있던 낱말 하나가 물음표 오른쪽으로 빠져나왔어요.
오른쪽 낱말 가운데 왼쪽 상자로 옮길 낱말은 무엇일까요?
낱말의 뜻보다는 생김새를 꼼꼼히 관찰해 보세요.

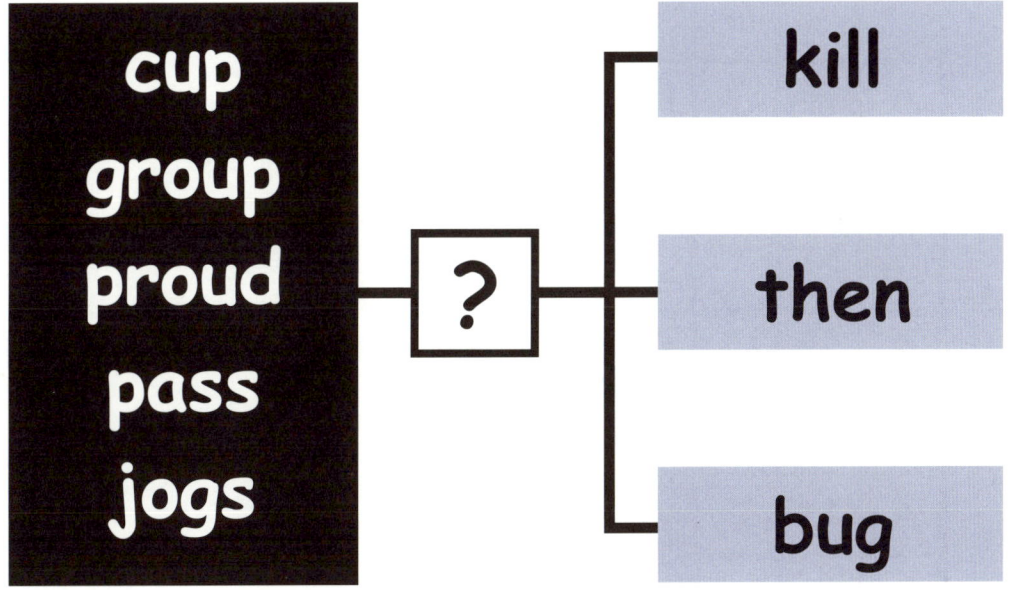

답 : 163쪽

★★★
103

표에 적힌 철자들은 가로줄마다 한 단어를 이뤄요.
줄마다 오른쪽에는 철자들이 이루는 영어 단어의 뜻이 적혀 있답니다.
뜻을 참고해 표의 빈칸을 모두 채워 보세요.
뱀 그림이 지나는 영어 철자를 이으면 어떤 단어가 나타날까요?

		G				숫자
A	E	O	N	S		수천년
		M				낙타
	N				K	방문을 열기 전 '똑똑'
A		O	R	N		도토리
A	C	H	E	S		아픔
A	L	I	A	S		다른 이름
					S	행복함
C		E	T			그리스섬

답 : 163쪽

104

왼쪽 상자 안의 낱말들에는 한 가지 공통점이 있어요.
오른쪽 낱말 가운데 왼쪽 상자로 옮길 수 있는 낱말은 무엇일까요?

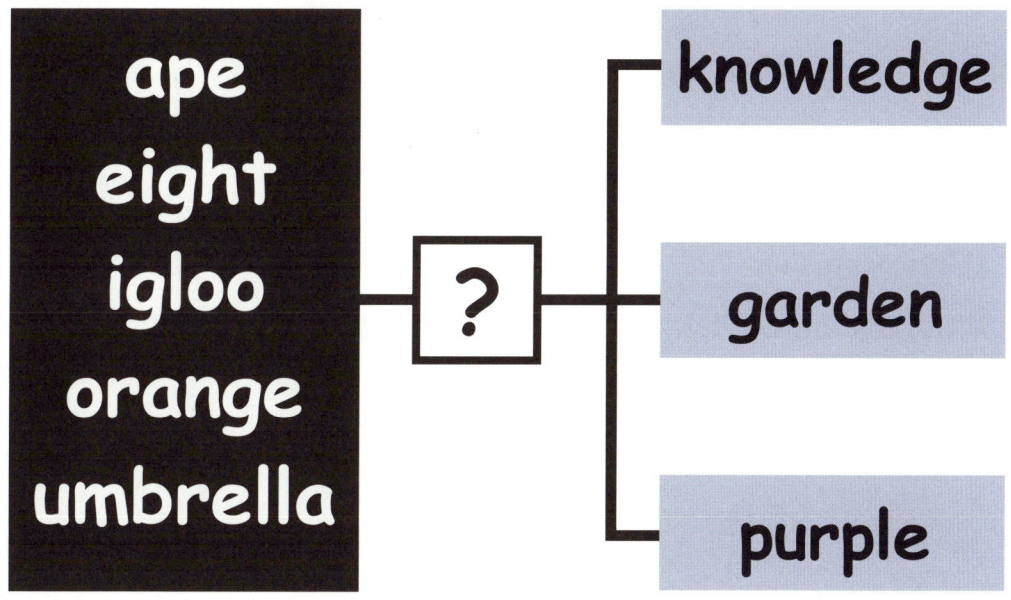

답 : 163쪽

105

글 하나마다 숫자를 뜻하는 영어 단어가 두 개씩 숨어 있어요.
각 단어는 무엇일까요?
숨어 있는 낱말의 철자는 떨어져 있을 뿐 연속되어 있어요.

> 1. Bridget went yesterday, anxious even though we had reassured her she would be alright.
> 2. At the windmill I once played my accordion every day.
> 3. Keith reeled in surprise as the horse's sudden neigh threw him into confusion.
> 4. He was left woefully short of cash, having been spending again in excess of what he could truly afford.
> 5. The scheme was foolproof, our accountant encouraged us to start immediately.

답 : 164쪽

★★★
106

달팽이 몸에 영어 단어를 채워 보세요.
도움말의 풀이를 보고 달팽이 몸에서 도움말과 같은 번호를 찾아 써 넣어요.
앞 번호에 있는 단어의 마지막 글자가 다음 번호에 있는 단어의 첫 글자예요.
어려운 낱말이 많아서 모음은 미리 적어 놓았어요.

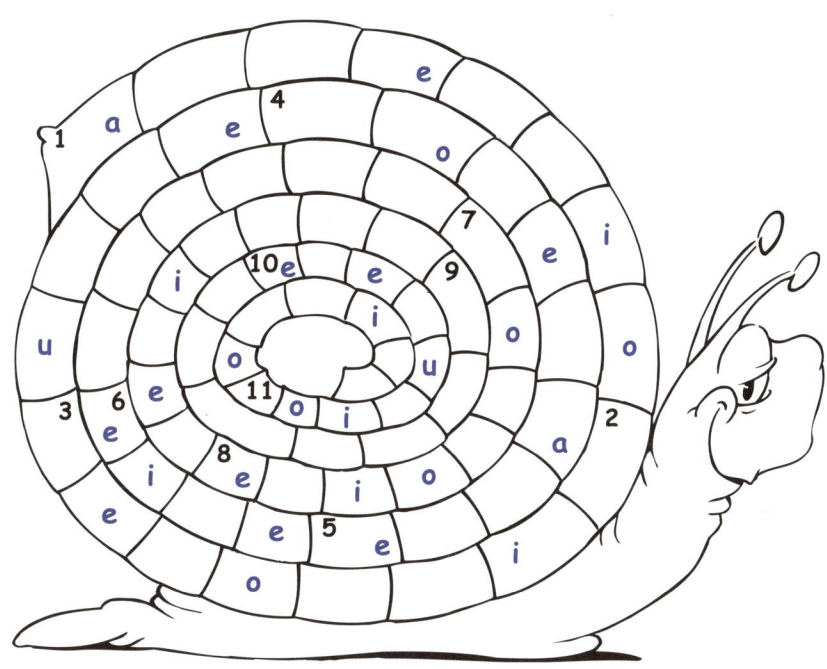

1. 수업 시간에 이렇게 안 하면 선생님 화내시겠죠.
2. 우리가 숨 쉬는 공기의 대부분을 차지하는 것
3. 금 덩어리
4. 꾹 참을 수 있는
5. 으스스한
6. 가지(식물 이름)
7. 달리기만 하면 늘 토끼가 이기는 상대
8. 범죄 현장을 두 눈으로 직접 본 사람
9. 사소한 다툼
10. 죄인의 목을 자르는 것
11. 없음

답 : 164쪽

★★☆
107

맨 위 양부터 차례대로 양의 몸에서 한 글자씩 떼어 내어 여섯 글자로 이루어진 낱말 다섯 개를 만들어 보세요.
모두 농장과 관계 있는 말이에요.

fcfhf
eoaie
nrrre
seclm
eedae
lrsss

답 : 164쪽

108

동그라미 둘레에는 나라 이름을 뜻하는 영어 단어의 철자가 뒤섞여 있어요.
이 단어는 무엇일까요?
힌트는 별 51개예요.

답 : 164쪽

109

사람의 몸과 낱말을 이어 보세요.

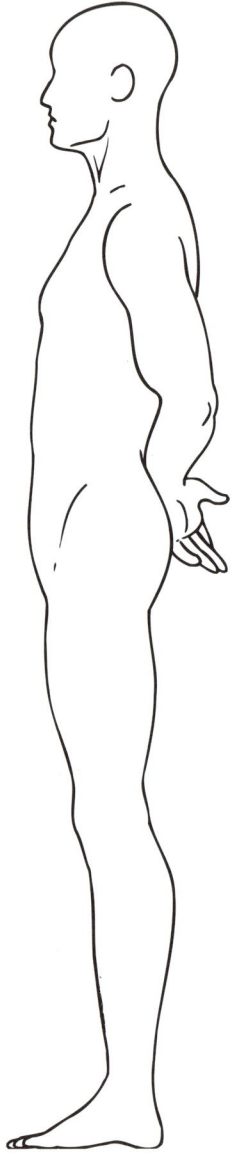
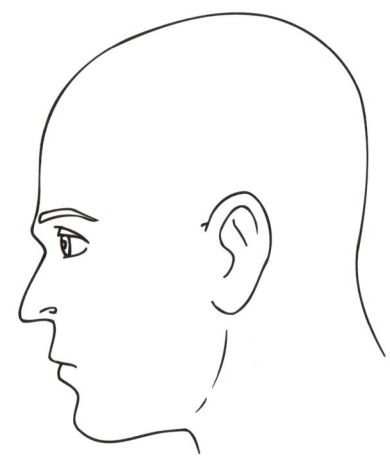

1. Breast
2. Cheek
3. Belly
4. Hip
5. Knee
6. Palm
7. Eyebrow
8. Neck

답 : 164쪽

110

스포츠 종목 여섯 가지를 맞혀 보세요.
도움말과 관련 있거나, 도움말을 달리 표현하면 맞출 수 있어요.
답들의 첫 글자만 죽 이었을 때 나오는 단어는 무엇일까요?
'아프리카'와 관련 있는 단어랍니다.

Water goggles		
Bow & Arrow		
Soccer		
Track & Field		
Horse		
Blade Balance		

답 : 165쪽

111

아래에 영어 단어를 쪼개어 섞어 놓았어요.
쪼개진 영어 철자들은 원래 어떤 단어였을까요?
도움말에 각 단어들의 뜻을 적어 놓았답니다.
이를 참고해 영어 단어를 맞혀 보세요.

A	AL	BANG	CAN	DEC
DI	ET	HAR	ID	KOK
LAND	LETTE	MOND	NIB	OUS
PLAN	ROU	SCOT	U	VARD

| 도움말 |

1. 미국의 대학교
2. 태국의 수도
3. 바퀴와 관련 있는 도박 게임
4. 매우 단단한 탄소 결정체
5. 가을에 잎을 떨어뜨리는 나무
6. 스코틀랜드
7. 사람 잡아먹는 종족
8. 우리 은하의 한 부분

답 : 165쪽

112

아래 도움말을 참고해 동그라미 안에 영어 단어를 넣어 보세요.
정 가운데 부분을 세로로 읽으면 네 글자로 이루어진 단어가 됩니다.
이 단어는 무엇일까요?

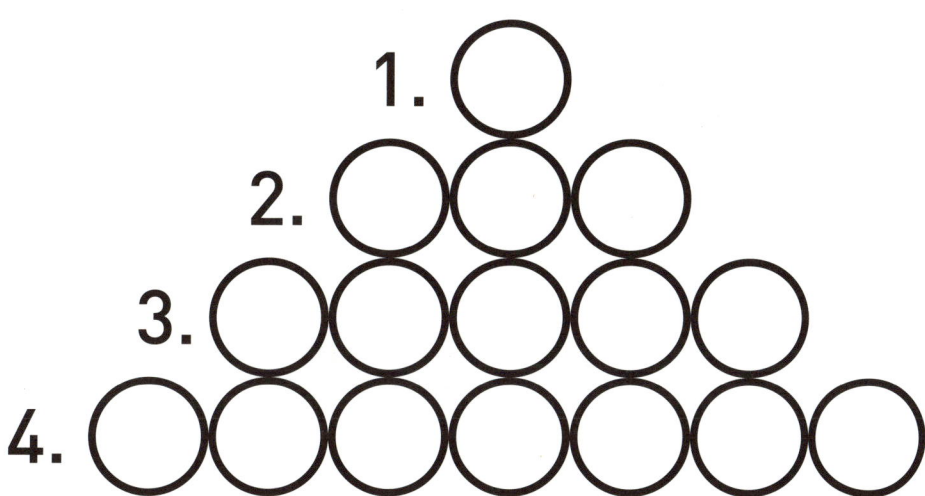

| 도움말 |

1. 책의 쪽을 줄여 이렇게 표시하기도해요.
2. 밤에 날아다니고, 흡혈귀와 친한 새
3. 병이 나은, 치유된
4. 상상

답 : 165쪽

113

다음 단어 가운데 공통점이 있는 다섯 단어는 무엇일까요?
놋쇠를 뜻하는 'Brass'도 같은 공통점이 있답니다.
단어의 뜻보다는 단어를 이루는 철자를 꼼꼼히 살펴보세요.

cease
hares
drama
beach
again
brown
actor
frown
green
beans

답 : 165쪽

114

이 낱말들은 특징이 하나 있어요. 무엇일까요?
낱말의 뜻보다는 생김새를 꼼꼼히 살펴보세요.

HOAX   AVOW

THAW

IOTA   TAXI

ATOM

MIAOW

답 : 166쪽

★★★ 115

길을 알려 주는 표지판이에요.
그런데 도시 이름 옆에 적힌 숫자는 실제 거리가 아니라 어떤 규칙을 적용해 얻은 수예요.
어떤 규칙이 숨어 있을까요?
물음표에 들어갈 숫자를 맞혀 보세요.
알파벳의 자음과 모음이 각각 갖는 값을 구하면 알아낼 수 있어요.

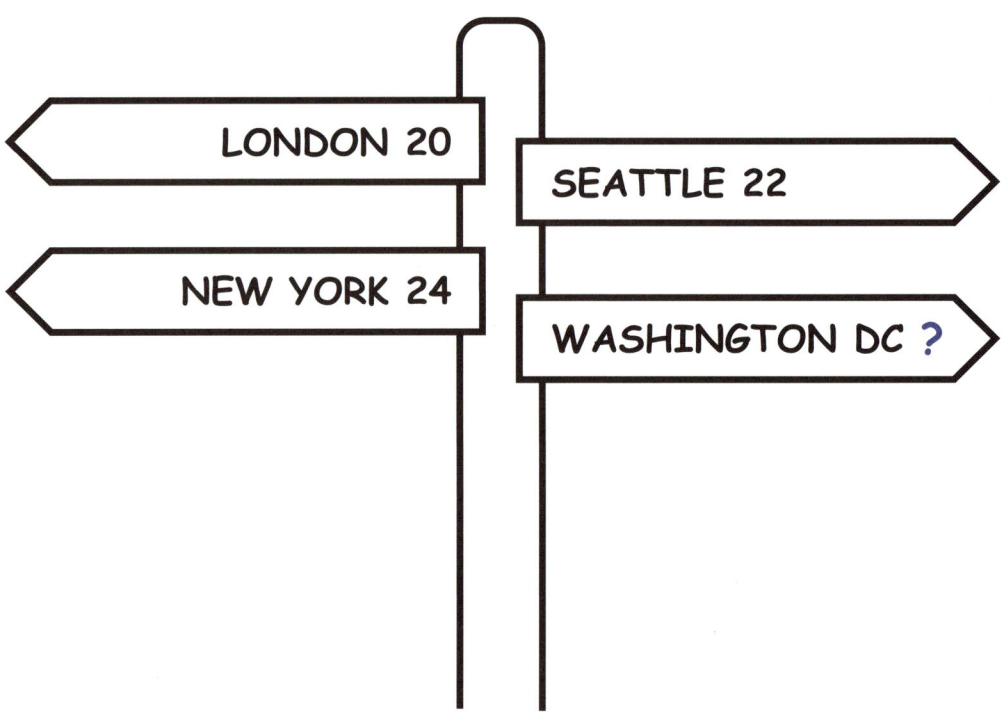

답 : 166쪽

116

아주 어려운 낱말 퍼즐이에요. 문제마다 첫 글자는 미리 넣어 놨어요.

| 가로 |

1. 배의 기다란 막대기. 항해 때 필요해요.
6. 부모님이 안 계신 사람
8. 아빠
9. 물건의 일부
10. 직선을 긋는 데 써요.
12. 물, 차, 레모네이드, 오렌지주스는 이것
13. 무엇인가를 하다.
14. 땅이 비탈지고 조금 높은 곳
16. 수사슴
18. 머리 모양을 만들 때 써요.
19. 망아지
21. 열고 닫는 것
23. 좁은 통로

| 세로 |

1. 하루의 이른 시간
2. You 다음에 오는 Be 동사
3. 빛이 번쩍
4. 새의 한 종류
5. 무법자
7. 옷을 꿰맬 때 써요.
11. 판화를 찍을 때 이걸로 물감을 발라요.
15. 에스키모의 집
16. 식물의 수액
17. 또한
19. 머나먼
20. 더하다.
22. 무엇이든 아니든

답 : 166쪽

★☆☆
117

컴퓨터 모니터에 나타난 글자는 어떤 규칙에 따라 나열되어 있어요.
물음표에는 어떤 글자가 들어가야 할까요?
힌트! 1에서 10까지 세어 보세요.

답 : 167쪽

118

이름들이 각각 어디에 들어가야 할까요?
올바른 위치에 채워 넣어 보세요.

4글자 이름
Andy
Mary
Mike
Paul

5글자 이름
Clare
Sarah
Tessa

6글자 이름
Amanda

7글자 이름
Mrs Hall
Shelley

9글자 이름
Catherine
Miss Cooke
Mr Bushell

11글자 이름
Miss Coomber
Mrs Tuckwell

답 : 167쪽

119

다음 단어 가운데 다섯 단어는 어떤 공통점이 있어요.
무엇일까요?
단어의 뜻보다는 단어를 이루는 철자를 꼼꼼히 살펴보세요.

encyclopedia
anteater
ahead
astrology
red
confederation
hopeless
acrimony
eagles
nausea
acids
telephone
sight
azalea

답 : 167쪽

120

사람 살려! 편집자 선생님이 내 뒤를 쫓아 와요.
영어 단어 퍼즐에 왜 수학 퍼즐을 넣었냐면서요.
다음번엔 또 어떤 사고를 칠 거냐고 다그치세요.
아니라고요. 이건 영어 단어 퍼즐 맞다니까요.
1, 2, 6, 10 네 숫자가 직선 위쪽에 있는 까닭은 어떤 공통점이 있기 때문이에요.
무엇일까요?
숫자를 영어로 바꿔 생각해 봐요.

1 2   6   10
―――――――――――――――――――――
 3 4 5 7 8 9

답 : 168쪽

121

1번부터 시작해서 시계 방향으로 뱅글뱅글 돌면서 25번까지 풀어 보는 문제예요.
앞 낱말의 끝 두 글자는 다음 낱말의 첫 두 글자예요. 미리 적어 놓았답니다.

1. 영국의 수도
2. 야채
3. 딱 한 번
4. 중단하다.
5. 적은 수의, 몇몇
6. 허락하다.
7. 소유자, 주인
8. 지우다.
9. 나이 든 사람
10. 명령
11. 시대
12. 별을 공부하는 학문
13. 황금과 유향과 이것
14. 첫 소리가 다르고 끝이 비슷해요.
    (예 : prime, time)
15. 약국에서 사는 것
16. 신경 쓰이는, 긴장되는
17. 보통, 일상
18. 요술 램프 소년
19. 보이지 않는
20. 감귤류의 신 과일
21. 하나
22. 새것
23. 깡그리 잡아 없애다.
24. 크나큰 두려움
25. 과수원

답 : 168쪽

★★☆
122

각 상자에 있는 알파벳에는 규칙이 있어요.
규칙을 찾아 물음표 안에 들어갈 알파벳을 채워 보세요.
힌트! 지금은 몇 월인가요?

답 : 169쪽

123

스미스네 식당 메뉴판이에요.
스미스는 값을 매기는 자기만의 방법이 따로 있어요.
메뉴판의 비밀을 풀고 싶으면 음식 이름의 알파벳을 숫자로 바꿔 보라고 하네요.
피자는 얼마일까요? 나머지 메뉴 세 개의 가격을 참고해 풀어 보세요.
값을 알아내면 스미스가 피자 한 조각을 공짜로 준다는군요.

메뉴판

Hamburger $9.30
Cheeseburger $11.60
Hot Dog $6.90
Pizza .... ?

답 : 169쪽

★★★
124

이상한 표지판이에요.
장소 뒤에 있는 숫자는 실제 거리가 아니라 어떤 규칙을 적용해 얻은 수예요.
어떤 규칙이 숨어 있을까요?
물음표에 들어갈 수를 맞혀 보세요.
알파벳의 자음과 모음이 각각 갖는 어떤 값을 구하면 알아낼 수 있어요.

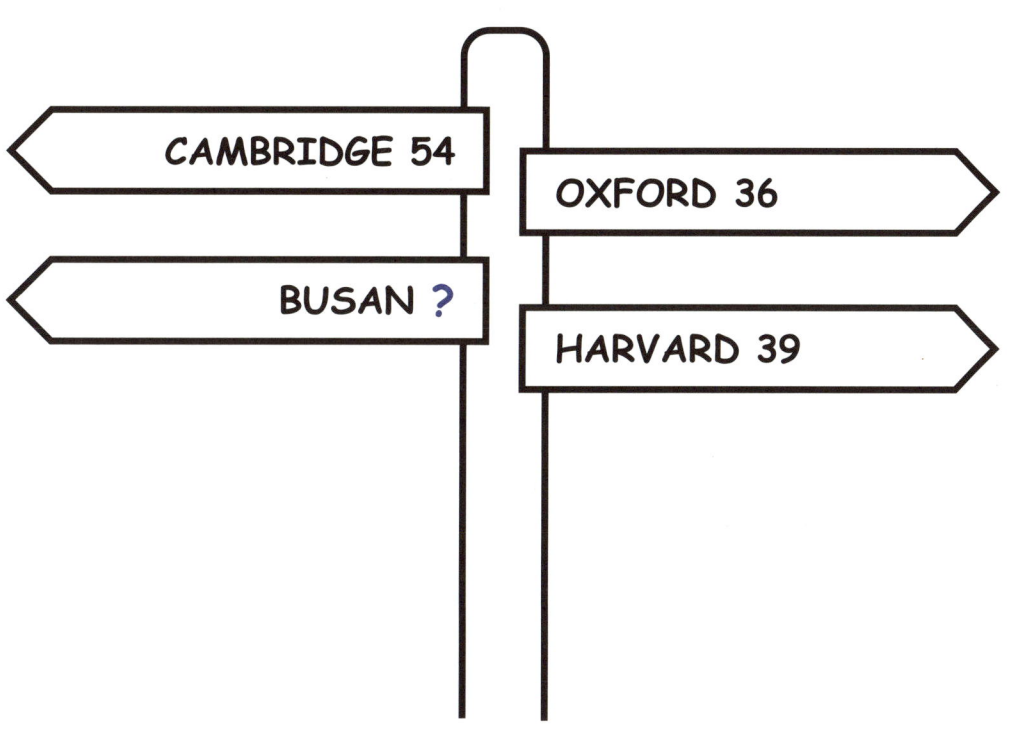

답 : 169쪽

125

컴퓨터 모니터의 글자는 어떤 규칙에 따라 나열되어 있어요.
물음표에는 어떤 글자가 들어가야 할까요?
1월부터 12월을 나타내는 영어 단어를 쭉 써 보세요.

답 : 169쪽

126

다음 단어 가운데 다섯 단어에는 어떤 공통점이 있어요. 무엇일까요?
'Heady'도 다섯 단어와 어울릴 수 있나요?
단어의 뜻보다는 단어를 이루는 글자를 꼼꼼히 살펴보세요.

fire
ready
it
yellow
train
hamburger
analysis
anything
bottom
someday
rival
river
golf

답 : 169쪽

127

낱말을 잘 보세요.
호그와트 말로 '맛이 끝내 주는 치즈버거'예요.
헤헤, 거짓말이에요.
그래도 여기 있는 글자들에는 한 가지 신기한 공통점이 있어요. 무엇일까요?

EHIKOX

답 : 170쪽

128

다음 단어 가운데 다섯 단어에는 어떤 공통점이 있어요.
무엇일까요?
'Ability'도 다섯 단어와 어울릴 수 있나요?
단어의 뜻보다는 단어를 이루는 글자를 꼼꼼히 살펴보세요.

introduction
average
zigzag
government
ear
xylophone
uncle
classic
hangman
number
depend
force
grass
white
October

답 : 170쪽

★★★ 129

이상한 표지판이에요.
장소 옆에 적힌 숫자는 실제 거리가 아니라 어떤 규칙을 적용해 얻은 수예요.
어떤 규칙이 숨어 있을까요?
물음표에 들어갈 숫자를 맞혀 보세요.
알파벳의 자음과 모음이 각각 갖는 값을 구하면 알아낼 수 있어요.

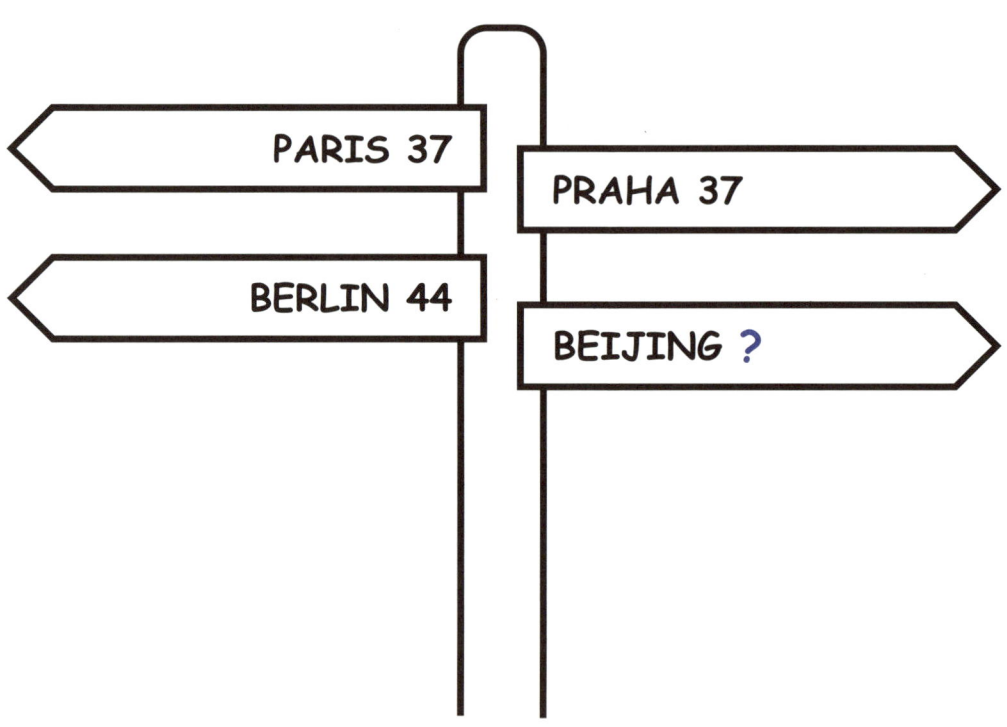

답 : 170쪽

130 ★★★

너무 많은 사람들이 스미스네 식당 메뉴판의 비밀을 알아냈어요.
공짜 피자를 나눠 주는 통에 스미스는 그만 빈털터리가 됐어요.
스미스는 새로운 방법을 생각해 냈어요. 이번에도 글자를 숫자로 바꾸는 거예요.
팬케이크 값은 얼마일까요?
이번에는 햄버거 하나를 공짜로 준다는군요.

메뉴판

Apple Pie $13.60
Icecream $15.90
Chocolate Cake .. $24.90
Pancakes .... ?

답 : 170쪽

★★★ 131

이상한 표지판이에요.
장소 옆에 적힌 숫자는 실제 거리가 아니라 어떤 규칙을 적용해 얻은 수예요.
어떤 규칙이 숨어 있을까요?
물음표에 들어갈 숫자를 맞혀 보세요.
알파벳의 자음과 모음이 각각 갖는 값을 구하면 알아낼 수 있어요.

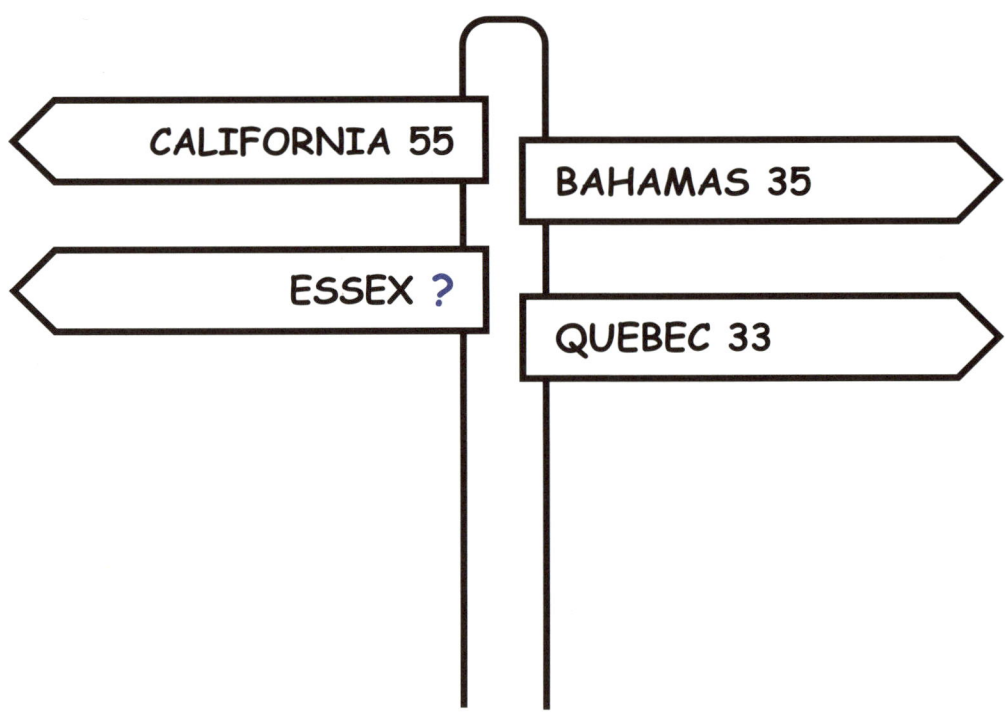

답 : 171쪽

★ ☆ ☆
132

바보 월터가 휴가를 떠나요.
그동안 직장을 많이 옮기다 보니 피곤했나 봐요.
그런데 어디로 가는지는 잘 모르고 있어요. 역시 월터답네요.
여러분이 나라와 수도를 알맞게 연결해 길을 찾아 주세요.
짝이 꼭 양쪽으로 나뉘어 있는 건 아니에요.

PERU	CAIRO
BRUSSELS	NEW ZEALAND
TURKEY	BELGIUM
STOCKHOLM	ANKARA
EGYPT	WELLINGTON
SWEDEN	LIMA

답 : 171쪽

★☆☆
133

글을 모르는 사람도 쉽게 알아 볼 수 있는 그림 표지판이에요.
그림 표지판은 생활 곳곳에 널리 쓰이고 있어요.
그림 표지판과 뜻을 연결해 보세요.
제대로 연결하고 나면 하나가 남을 거예요.
남는 단어는 무엇일까요?

| Taxi | Exit | Money Exchange | Smoking | Parking |
| Restaurant | Telephone | Toilet | First-aid | Elevator |

답 : 171쪽

134

가제트 형사는 오늘 낮 2시에 산업 스파이가 아주 중요한 정보를 팔아넘길 거라는 정보를 입수했어요. 하지만 아직 접선 장소를 알아내지 못했어요. 단서는 스파이가 흘리고 간 쪽지예요. 암호표를 써서 접선 장소를 알아내세요.

	1	2	3	4	5
A	A	B	C	D	E
B	F	G	H	I	K
C	L	M	N	O	P
D	Q	R	S	T	U
E	V	W	X	Y	Z

❶ B3. C4. C2. A5

❷ B2. C1. C4. E1. A5

❸ A2. A1. D4

❹ B3. A1. D4

❺ D3. D4. A5. A1. C1. B4. C3. B2

❻ A2. A1. D3. A5

❼ A3. A1. D4. A3. B3. A5. D2

답 : 171쪽

135

정말 위대한 과학자들만 모여 있는 연구실이에요.
방문 앞에는 연구실을 사용하는 과학자의 이름과 방 번호가 있어요.
방 번호는 과학자의 이름에 규칙을 적용해 만들었어요.
물음표에 들어갈 방 번호는 몇 번일까요?
자음과 모음이 각각 갖는 값을 구하면 알아낼 수 있어요.

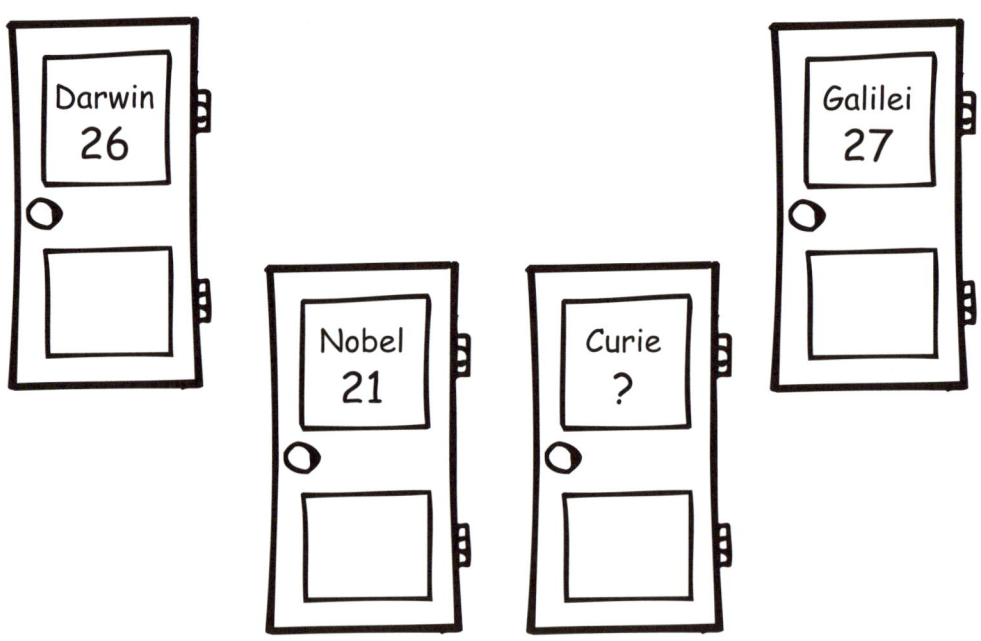

답 : 172쪽

★☆☆
136

글자의 허리 부분에서 반을 잘라 아래쪽만 남겨 놓았어요.
첫 번째 낱말과 두 번째 낱말은 앞에 세 글자 모양이 같네요.
글자 모양처럼 이 낱말들이 가리키는 물건도 헷갈릴 정도로 모양이 꼭 닮아 있어요.
이것들을 모두 사용하면 무엇인가를 할 수 있어요.
이 세 가지 말고 다른 게 끼면 안 돼요.
이 세 가지로 할 수 있는 것은 무엇일까요?

VIOLIN

VIOLA

CELLO

답 : 172쪽

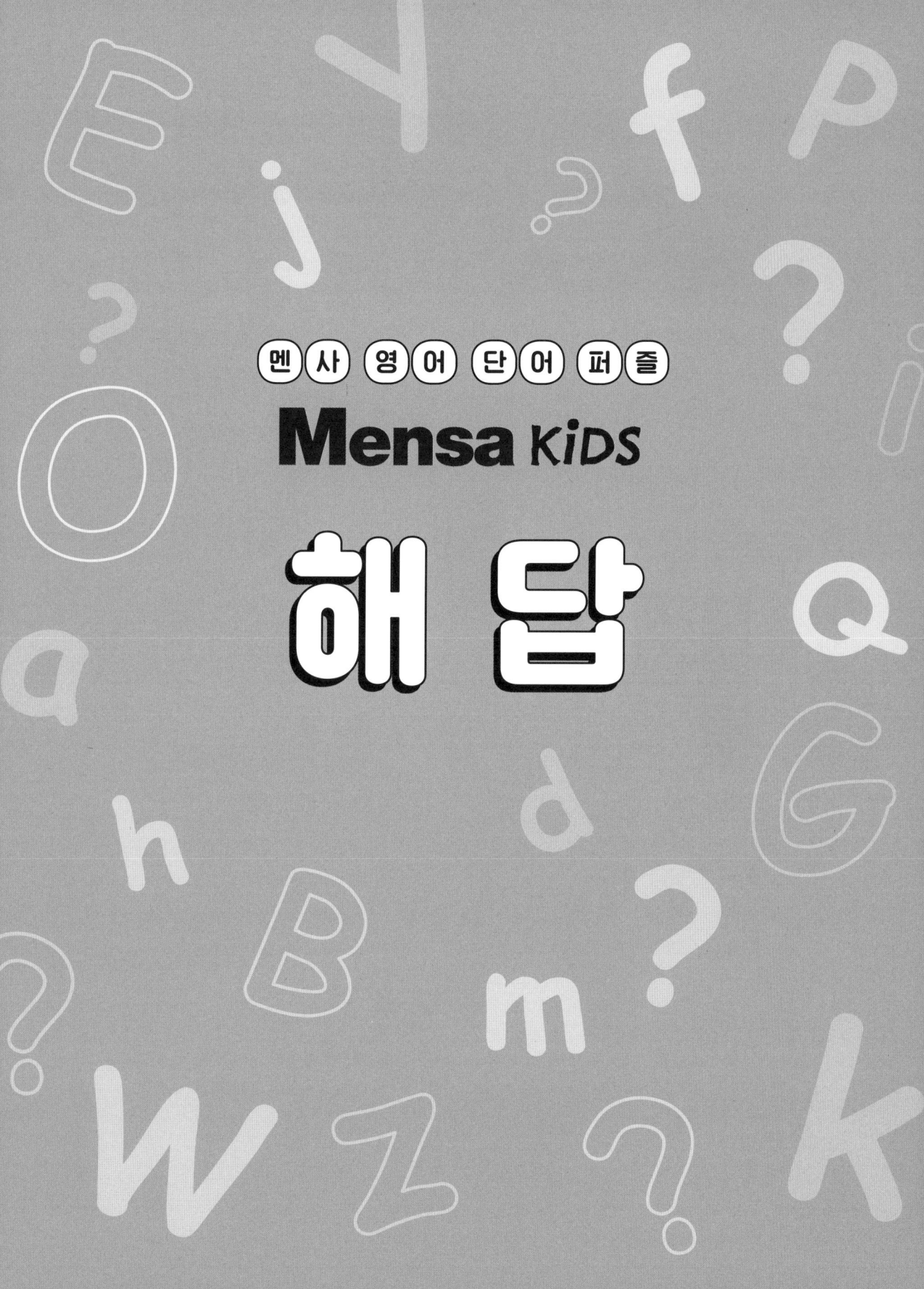

001 Pa, Pan, Pane, Panel

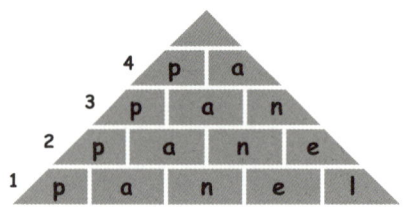

- **pa** : 아빠(papa의 줄임말)
- **pan** : 얕고 납작한 냄비
- **pane** : 창유리
- **panel** : 네모꼴의 물건, 전문 위원회, 토론하는 사람들

002 Sand(모래)

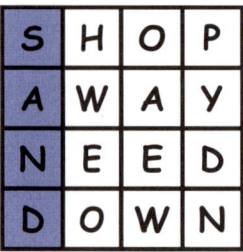

- **shop** : 가게
- **away** : 멀리
- **need** : 필요
- **down** : 아래로
- **sand** : 모래

003 Lucy

피터 팬, 웬디, 후크 선장, 팅커벨, 악어, 시계, 네버랜드는 모두 《피터 팬》과 관련이 있습니다.

- **captain** : 우두머리, 선장
- **hook** : 갈고리, 낚시 바늘
- **crocodile** : 악어
- **clock** : 시계
- **bell** : 방울, 종
- **never** : 결코 ~하지 않다
- **land** : 육지, 땅, 나라

004 Sarah, Fiona, George, James

005 Santa Claus(산타클로스)

006 Corn

나머지는 모두 색깔 이름입니다.

- **corn** : 옥수수
- **purple** : 보라색
- **red** : 빨간색
- **green** : 초록색
- **gold** : 금, 금색

007 1. Blackboard
2. Blueberry
3. Blue Jean
4. Greenhouse

- **blackboard** : 칠판
- **blueberry** : 블루베리
- **blue Jean** : 청바지

- **greenhouse** : 온실

008 Cat, Dog, Fish, Hamster
- **cat** : 고양이
- **dog** : 강아지
- **fish** : 물고기
- **hamster** : 햄스터

009 Ape
- **ape** : 원숭이, 유인원

010 Unbearable
- **unbearable** : 참을 수 없는

011 Moon(달)

O	M	E	N
P	O	L	E
F	O	R	K
K	N	E	E

- **omen** : 징조
- **pole** : 기둥, 장대
- **fork** : 포크
- **knee** : 무릎
- **moon** : 달

012 18

차례로 Four, Seven, One, Six이고, 모두 더하면 18입니다.
- **one** : 1
- **four** : 4
- **six** : 6
- **seven** : 7

013 Red

나머지는 동작을 나타냅니다.
- **run** : 달리다
- **talk** : 말하다
- **play** : ~을 하다, 놀이, 경기
- **skip** : 깡충거리다
- **red** : 빨간색

014 Rain(비), Sun(태양), Snow(눈), Hail(우박)

015 Disaster
- **aster** : 과꽃, 국화
- **disaster** : 재앙, 끔찍한 불행

016 Laura, Freddy, Sally, Tony

017 Scatter
- **scatter** : 흩어지다

147

018 장미꽃(Rose)

B	I	R	D
B	O	O	K
V	A	S	E
C	H	E	F

- bird : 새
- book : 책
- vase : 병, 꽃병
- chef : 주방장, 요리사
- rose : 장미꽃

019 Ran(달렸다)
- ran : run(달리다)의 과거형

020 Carrot
Carrot(당근)만 먹는 것입니다.
- Earth : 지구
- Mars : 화성
- Venus : 금성
- Mercury : 수성
- carrot : 당근

021 왼쪽에서 8번째 칸, 위에서 3번째 줄을 시작으로 'ELEMENT'가 들어 있습니다.

022 Bedtime Story
- Bedtime Story : 잠재울 때 들려주는 이야기

023 Arm, Head, leg, Foot
- arm : 팔
- head : 머리
- leg : 다리
- foot : 발

024 Playtime
- playtime : 노는 시간
- time : 시간

025 Bulldog, Dogfish
- bulldog : 불독
- dogfish : 곱상어류

026 불(Fire)

W	O	L	F
T	A	X	I
H	A	I	R
A	C	H	E

- wolf : 늑대
- taxi : 택시
- hair : 털, 머리카락

- **ache** : 아프다
- **fire** : 불

027 Ate, pill
- **ate** : eat(먹다)의 과거형
- **pill** : 알약

028 곰 인형(Teddy Bear)

029 Kirsty
Kirsty만 이름에 'A'가 들어 있지 않습니다.

030 아픔(Ache)

031 Horse(말), Goats(염소), Mules(노새), Sheep(양), Ducks(오리)

032 Wizard, Witch, Scarecrow, Dorothy, Lion은 《오즈의 마법사》에 넣고, Rabbit, King, Queen, Alice는 《이상한 나라의 앨리스》에 넣어야 합니다.
- **rabbit** : 토끼
- **wizard** : 마법사
- **king** : 왕
- **witch** : 마녀
- **queen** : 여왕
- **scarecrow** : 허수아비
- **lion** : 사자

033 오븐(Oven)
글자를 모두 맞추면 Blood, Movie, Fresh, Mania가 됩니다. 이 낱말들의 세 번째 글자만 조합해 보면 Oven이 나옵니다.
- **blood** : 피
- **movie** : 영화
- **fresh** : 새로운, 신선한
- **mania** : 열광

034 S
요일을 뜻하는 낱말의 첫 글자들입니다. 물음표에는 Sunday의 첫 글자, 'S'가 들어가야 합니다.
- **Monday** : 월요일
- **Tuesday** : 화요일
- **Wednesday** : 수요일
- **Thursday** : 목요일
- **Friday** : 금요일
- **Saturday** : 토요일
- **Sunday** : 일요일

035 Staple, Pastel, Plates, Pleats, Petals
- **staple** : 호치키스용 철침

- **pastel** : 파스텔
- **plate** : 접시
- **pleat** : 주름
- **petal** : 꽃잎

036 두목이 있는 방은 E
- **east** : 동쪽
- **west** : 서쪽
- **south** : 남쪽
- **north** : 북쪽
- **southeast** : 남동쪽

037 Teacher(선생님)
- **vital** : 생명의, 힘찬
- **great** : 큰, 거대한
- **drama** : 희곡, 연극
- **uncle** : 삼촌
- **other** : 다른, (그)밖의
- **gleam** : 희미한 빛, 반짝 빛나다
- **horse** : 말

038

			¹F				
	²S	³M	E	L	L		
	⁴C	A	A		⁷T		
	H	I	G		H		
⁵H	E	L	D		⁸B	E	A	R	D
	A				N		
	⁶P	E	A	C	E		

- **flag** : 깃발
- **smell** : 냄새
- **maid** : 가정부, 하녀
- **cheap** : 싼
- **held** : hold(잡다)의 과거형
- **peace** : 평화
- **thank** : ~에게 감사하다
- **beard** : 턱수염

039
1. Earwig
2. Centipede
3. Spider
4. Cockroach
5. Earthworm

- **earwig** : 집게벌레
- **centipede** : 지네
- **spider** : 거미
- **cockroach** : 바퀴벌레
- **earthworm** : 지렁이

040
1. Neigh
2. Snowy
3. Ready
4. Thorn
5. Large

- **neigh** : 말 울음 소리
- **snowy** : 눈 내리는, 눈처럼 흰
- **ready** : 준비가 된

- **thorn** : 식물의 가시
- **large** : 큰

041 To swim like a fish
(물고기처럼 헤엄치다)
To fly like a bird
(새처럼 날다)
To run like the wind
(바람처럼 달리다)
To smell like a rose
(장미향이 나다)
- **swim** : 헤엄치다
- **like** : ~처럼, 좋아하다
- **fly** : 날다
- **run** : 달리다
- **wind** : 바람
- **smell** : 냄새
- **rose** : 장미꽃

042 A
- **alarm** : 경보, 자명종
- **again** : 다시
- **amaze** : 깜짝 놀라게 하다
- **apart** : 떨어져서

043 Become
다른 단어들은 낱말의 첫 글자와 마지막 글자가 알파벳에서 연속되는 글자들이에요. AdverB, CarD, EngulF, GroucH
- **become** : ~이 되다
- **adverb** : 부사
- **card** : 카드
- **engulf** : (불길, 파도 등이)삼켜 버리다, 에워싸다
- **grouch** : 불평이 많은 사람, 불평을 하다

044 Oliver Twist(올리버 트위스트)
King Arthur(아서 왕)
Sherlock Holmes(셜록 홈즈)
Huckleberry Finn(허클베리 핀)
Robin Hood(로빈 후드)

045 Leonardo da Vinci
(레오나르도 다 빈치)
Albert Einstein
(알버트 아인슈타인)
Napoleon Bonaparte
(나폴레옹 보나파르트)
Thomas Edison
(토마스 에디슨)
George Washington
(조지 워싱턴)

046 Nail(손톱)

S	N	A	K	E
S	T	A	K	E
P	R	I	M	E
L	O	C	A	L

- snake : 뱀
- stake : 말뚝, 내기
- prime : 첫째의, 일류의
- local : 공간의, 지방의
- nail : 손톱

047 32
- taste : 취향
- favorite : 좋아하는 것
- dislike : 싫음
- flower : 꽃

048 Seoul(서울)

영국의 수도 London(런던), 프랑스의 수도 Paris(파리), 이탈리아의 수도 Roma(로마), 독일의 수도 Berlin(베를린), 일본의 수도 Tokyo(도쿄)가 맨 위부터 나옵니다. 한 글자씩 남는 것을 모으면 한국의 수도 Seoul(서울)이 돼요.

049 Open The Door(문 열어라).

050 And, Bat, Dad, Eat, Bad, End
- **and** : 그리고
- **bat** : (야구)방망이, 박쥐
- **dad** : 아빠
- **eat** : 먹다
- **bad** : 침대
- **end** : 끝

051 Portugal(포르투갈), Hungary(헝가리), Rumania(루마니아), Germany(독일), Greece(그리스)

052 Hand
- **hand** : 손
- **bag** : 가방
- **handbag** : 핸드백, 손가방
- **mirror** : 거울
- **hand mirror** : 손거울
- **book** : 책
- **handbook** : 안내서
- **ball** : 공
- **handball** : 핸드볼
- **shake** : 흔들다
- **handshake** : 악수
- **wash** : 씻다
- **hand wash** : 손빨래하다

- cuff : 손목 윗 부분
- handcuff : 수갑
- made : make(만들다)의 과거분사
- handmade : 손으로 만든

053 Maple Story, Super Mario
- maple : 단풍나무
- story : 이야기
- super : 최고의

054

- bat : 박쥐
- bear : 곰
- frog : 개구리
- cod : 대구
- parrot : 앵무새
- tiger : 호랑이
- tuna : 참치
- snake : 뱀
- leopard : 표범
- monkey : 원숭이
- elephant : 코끼리

055 해바라기
맨 위 꽃잎부터 시계 방향으로 Sun Flower, Tulip, Cosmos, Lily, Morning Glory입니다. 고흐는 해바라기 그림을 많이 남겼습니다.
- sun flower : 해바라기
- tulip : 튤립
- cosmos : 코스모스
- lily : 백합
- morning glory : 나팔꽃

056 Theme

- beetle : 딱정벌레
- effect : 결과, 효과
- here : 여기에
- messenger : 심부름꾼, 배달인
- pepper : 후추
- tepee : (모피로 만든)인디언의 천막
- cemetery : 공동묘지
- entente : 협정
- jester : 어릿광대
- merge : 합쳐지다
- referee : 중재인, 중재하다
- vessel : 그릇
- clever : 영리한
- ferment : 효소, 발효
- kestrel : 황조롱이
- methylene : (화학)메틸렌
- reference : 문의, 참고
- wherever : 어디서
- crescent : 초승달
- greenery : 푸른잎
- letter : 글자
- needle : 바늘
- seethe : 끓어오르다
- yen : 열망
- detergent : 세제
- helmet : 헬멧
- medley : 잡동사니
- nettle : 쐐기풀
- theme : 주제

057 Fast, Area, Sets, Task
- fast : 빠른
- area : 지역, 면적
- set : 두다, 정하다, 한 조, (테니스 등의)세트
- task : 일, 임무

058 25
- wine : 포도주
- pet : 애완동물
- newspaper : 신문

059 Back
- back : 등, 뒤
- outback : 오지
- comeback : 복귀
- drawback : 결점
- feedback : 피드백, 반응
- backpack : 등짐, 배낭
- backup : 지원, 여벌
- backbone : 등뼈
- background : 배경

060 Rain, Snow, Hail, Wind
- rain : 비
- snow : 눈
- hail : 우박
- wind : 바람, 강풍

061 Intrigue

Interest, Number, Tree, Race, India, Glue, Umbrella, Elephant

- **interest** : 관심, 흥미
- **number** : 수, 숫자
- **tree** : 나무
- **race** : 경주
- **india** : 인도
- **glue** : 풀
- **umbrella** : 우산
- **elephant** : 코끼리
- **intrigue** : 음모

062 N

- **clockwise** : 시계 방향
- **anticlockwise** : 시계 반대 방향
- **in** : 안에
- **out** : 밖에

063

064 전투(Battle)

맨 윗줄부터 Birthday, Answer, Tank, Table, Law, Enemy를 넣습니다.

첫 글자만 이으면 Battle이 돼요.

- **birthday** : 생일
- **answer** : 대답
- **tank** : 탱크, 전차
- **table** : 식탁, 탁자
- **law** : 법률, 법
- **enemy** : 적
- **battle** : 전투

065 Chinese, Japanese, Italian, English, Spanish

- **Chinese** : 중국어
- **Japanese** : 일본어
- **Italian** : 이탈리아어
- **English** : 영어
- **Spanish** : 스페인어

066 Money, Honey, (Phoney), Phone, Home, Hole, Mole

- **money** : 돈
- **honey** : 벌꿀
- **phoney**(=phony) : 가짜, 엉터리
- **phone** : 전화
- **home** : 집

- hole : 구멍
- mole : 두더지

067 Butter, Temple, Barrel, Longer, Bubble, Totals

♥=T, ♠=E, ♦=R, ♣=L
- butter : 버터
- temple : 절, 신전
- barrel : 통, 배럴
- longer : 길게
- bubble : 거품
- total : 전체, 합계

068 The Little Prince(어린 왕자)
- little : 작은, 어린
- Prince : 왕자

069 Denmark, Canada, Germany, Ireland, New Zealand
- Denmark : 덴마크
- Canada : 캐나다
- Germany : 독일
- Ireland : 아일랜드
- New Zealand : 뉴질랜드

070 1. Eggs(나머지는 모두 유제품)
2. August(나머지는 모두 월 이름에 'R'이 있습니다)
3. Octopus(나머지는 모두 곤충)
4. Dove(나머지는 모두 포유류)
5. Oslo(나머지는 모두 미국에 있습니다)
6. Cambridge(나머지는 모두 강입니다)

- cheese : 치즈
- milk : 우유
- butter : 버터
- egg : 달걀
- January : 1월
- September : 9월
- August : 8월
- December : 12월
- octopus : 문어
- ant : 개미
- cricket : 귀뚜라미
- butterfly : 나비
- mouse : 쥐
- sheep : 양
- dove : 비둘기
- hippo : 하마
- California : 캘리포니아
- Utah : 유타
- Texas : 텍사스
- Oslo : 노르웨이의 수도 오슬로
- Ganges : 갠지스강
- Thames : 템스강

- Mississippi : 미시시피강
- Cambridge : 영국 남동부의 도시 케임브리지

071 Ambulance, X-ray, Injection, Nurse, Pharmacy, Wheelchair, Surgery
- ambulance : 앰뷸런스
- X-ray : 엑스레이
- injection : 주사
- nurse : 간호사
- pharmacy : 약국, 약학
- wheelchair : 휠체어
- surgery : 외과수술

072 Janet Jackson(자넷 잭슨)

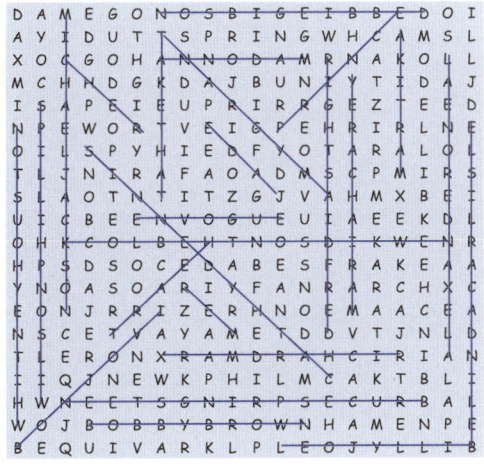

073 The Merchant Venice(베니스의 상인)
- merchant : 상인
- Venice : 베니스

074
1. Zebra
2. Elephant
3. Penguin
4. Dolphin
5. Camel
6. Hippo
- zebra : 얼룩말
- elephant : 코끼리
- penguin : 펭귄
- dolphin : 돌고래
- camel : 낙타
- hippo : 하마

075 Cinderella(신데렐라)

076 Saxophone(색소폰)
- promise : 약속
- prize : 상품
- actor : 배우
- compromise : 타협, 화해
- excellence : 우수
- over : ~위에, ~을 넘어
- orange : 오렌지
- clover : 토끼풀

157

- **slope** : 경사면
- **grease** : 지방
- **shelf** : 선반
- **peace** : 평화
- **polite** : 공손한
- **point** : 뾰족한 끝, 점
- **tongue** : 혀
- **anoint** : ～에 기름을 바르다
- **grape** : 포도
- **gong** : 징

077 Tyrannosaurus Rex(티라노사우루스 렉스)

078 Tom Cruise(톰 크루즈)
- **star** : 별
- **start** : 시작
- **win** : 이기다
- **twin** : 쌍둥이
- **cell** : 작은방, 세포
- **cello** : 첼로
- **mission** : 임무
- **omission** : 생략
- **far** : 멀리
- **farm** : 농장
- **ask** : 묻다
- **mask** : 복면
- **acrobatic** : 곡예의

- **candy** : 사탕
- **Andy** : 앤디(남자 이름)
- **angle** : 각도
- **angler** : 낚시꾼
- **after** : 뒤에
- **rafter** : 서까래
- **men** : man의 복수
- **menu** : 식단
- **nit** : 유충
- **unit** : 단위
- **chill** : 냉기
- **chilli** : 칠리 고추
- **slam** : 쾅 닫다
- **Islam** : 이슬람
- **tub** : 통
- **hoe** : 괭이
- **shoe** : 신발 한 짝
- **shin** : 정강이
- **shine** : 빛나게
- **bony** : 뼈의
- **ebony** : 흑단

079 Igloo
- **tiger** : 호랑이
- **cat** : 고양이
- **ugly** : 추한
- **acrobat** : 곡예사
- **umbrella** : 우산

- **bell** : 종
- **owl** : 올빼미
- **jewel** : 보석
- **igloo** : 이글루

080 Dog, Goldfish, Rabbit
- **dog** : 개
- **goldfish** : 금붕어
- **rabbit** : 토끼

081 California(캘리포니아), Idaho(아이다호), Nebraska(네브라스카), Hawaii(하와이), Alaska(알래스카)

082

1	c	r	e	e	p
2	a	l	i	b	i
3	n	a	i	l	s
4	c	o	m	i	c
5	e	a	g	l	e
6	r	a	i	l	s

- **creep** : 기다, 살금살금 걷다
- **alibi** : 알리바이
- **nail** : 손톱
- **comic** : 희극의, 희극배우
- **eagle** : 독수리
- **rail** : 철도

- **cancer** : 게자리, 게, 암
- **pisces** : 물고기자리, 어류

083 Catapult
왼쪽에 있는 낱말들은 모두 낱말 속에 동물 이름이 있습니다.
Drapery → Ape
Coward → Cow
Spigot → Pig
Dogged → Dog
Catapult → Cat
- **drapery** : 우아한 주름
- **ape** : 원숭이, 유인원
- **coward** : 겁쟁이
- **cow** : 소
- **spigot** : 마개, 주둥이
- **pig** : 돼지
- **dogged** : 완강한
- **dog** : 개
- **catapult** : 투석기, 새총
- **cat** : 고양이
- **spend** : 소비하다
- **saucer** : 받침 접시
- **bicycle** : 자전거

084 Bel
Whale, Turtle, Seahorse, Cuttlefish, Tuna, Octopus, Salmon

이 흩어져 있습니다.
- **whale** : 고래
- **turtle** : 거북이
- **seahorse** : 해마
- **cuttlefish** : 갑오징어
- **tuna** : 참치
- **octopus** : 문어
- **salmon** : 연어

085 Acrobatic
- **acrobatic** : 곡예의

086 Copenhagen (코펜하겐)
- **Copenhagen** : 덴마크의 수도
- **trace** : 추적하다. 선을 긋다
- **plan** : 계획
- **milano** : 밀라노
- **portrait** : 초상, 인물사진
- **sunrise** : 해돋이
- **pretty** : 예쁜, 귀여운
- **surprise** : 놀라게 하다
- **friend** : 친구
- **compare** : 비교하다
- **ghetto** : 빈민가, 유대인 강제 거주 지역
- **despair** : 절망
- **decade** : 10년간
- **damp** : 축축한
- **ginger** : 생강
- **revamp** : 수선하다
- **govern** : 다스리다
- **nice** : 좋은
- **language** : 언어
- **case** : 경우, 사례

087 Ursa Major, Orion, Horse Nebula, Neptune, Venus, Betelgeuse, Pluto, Perseids, Halley's Comet, Cassiopeia
- **Ursa Major** : 큰곰자리(작은곰자리는 Ursa Minor)
- **Orion** : 오리온자리
- **Horse Nebula** : 말머리성운
- **Neptune** : 바다, 해왕성
- **Venus** : 비너스, 금성
- **Betelgeuse** : 베텔게우스(오리온자리에서 가장 밝은 별)
- **Pluto** : 플루토, 명왕성
- **Perseids** : 페르세우스자리
- **Cassiopeia** : 카시오페이아자리
- **Halley's Comet** : 핼리 혜성
- **Copernicus** : 코페르니쿠스(천문학자 이름)
- **clue** : 단서, 실마리
- **ant** : 개미
- **Hades** : 하데스, 황천

- **dome** : 둥근 천장

088 1. George Bush
(조지 부시, 미국 43·44대 대통령)
2. Charles Dickens
(찰스 디킨스, 《올리버 트위스트》와 《크리스마스 캐럴》의 작가)
3. Demi Moore
(데미 무어, 《사랑과 영혼》이라는 작품으로 유명한 배우)
4. Whitney Huston
(휘트니 휴스턴)
5. Isaac Newton
(아이작 뉴턴)

089 Iceland(아이슬란드)

090 Cat, Ant, Rat, Bat, Dog
- **ant** : 개미
- **rat** : 쥐
- **bat** : 박쥐

091 Light(빛), Spark(불꽃), Shine(빛나다), Gleam(번쩍이다), Flash(어렴풋한 빛)

092 Pizza(피자), Chicken(치킨), Doughnut(도넛), Sandwich(샌드위치), Salad(샐러드), Icecream(아이스크림)

093 1. Cat, Sheep
2. Shark, Wasp
3. Rabbit, Horse
4. Monkey, Antelope
5. Cow, Ape
6. Dog, Hamster
- **shark** : 상어
- **wasp** : 말벌
- **antelope** : 영양

094 1. Italy
2. Napoleon
3. Indigo
4. Apple
5. Nightmare
6. Jerusalem
7. Neptune
8. Emperor
- **Italy** : 이탈리아
- **Napoleon** : 나폴레옹
- **indigo** : 남색
- **nightmare** : 악몽
- **Jerusalem** : 예루살렘
- **Neptune** : 바다, 해왕성
- **emperor** : 황제

095

A	S	C	E	N	D
B	A	T	T	L	E
A	R	A	B	I	A
C	H	E	E	K	Y
B	R	O	N	Z	E
E	A	G	L	E	S
A	R	C	T	I	C
B	O	U	G	H	S

- **strength** : 세기, 힘
- **ascend** : 올라가다
- **battle** : 싸움
- **arabia** : 중동
- **cheeky** : 건방진
- **bronze** : 청동
- **eagles** : '독수리'의 복수
- **arctic** : 북극 지방
- **bough** : 가지

096 Peach(복숭아), Cherry(체리), Walnut(호두), Ginkgonut(은행), Lime(라임)

097 Apollo, Armstrong
아폴로 11호는 최초로 달에 도착한 유인우주선이고, 암스트롱은 최초로 달에 착륙한 우주인이죠.

098 Vincent Van Gogh(빈센트 반 고흐), Leonardo da Vinci(레오나르도 다 빈치), Pablo Picasso(파블로 피카소), Rene Magritte(르네 마그리트), Marc Chagall(마르크 샤갈)

099 1. Hockey(하키)
2. Cycling(사이클)
3. Badminton(배드민턴)
4. Riding(승마)
5. Skating(스케이트)

100 Anchovy, Shrimp, Octopus, Tunny, Crab, Oyster, Salmon, Dolphin
X 자리에 들어갈 글자는 모두 모음입니다.
- **anchovy** : 멸치
- **shrimp** : 새우
- **octopus** : 문어
- **tunny** : 다랑어
- **crab** : 게
- **oyster** : 굴
- **salmon** : 연어
- **dolphin** : 돌고래

101
1. Computer
2. Havana
3. Pizza
4. Goldfish
5. Ostrich
6. Magazine
7. Bicycle

- **computer** : 컴퓨터
- **Havana** : 쿠바의 수도 아바나
- **ostrich** : 타조
- **magazine** : 잡지
- **bicycle** : 자전거

102 Bug

왼쪽 낱말들을 이루는 영어 철자 모양에는 모두 곡선이 들어 있어요.

- **cup** : 컵
- **group** : 그룹
- **proud** : 거만한
- **pass** : 지나다
- **kill** : 죽이다
- **jog** : 살짝 밀다
- **then** : 그다음에
- **bug** : 곤충, 벌레

103 Deckchair

D	I	G	I	T
A	E	O	N	S
C	A	M	E	L
K	N	O	C	K
A	C	O	R	N
A	C	H	E	S
A	L	I	A	S
B	L	I	S	S
C	R	E	T	E

- **digit** : 손가락, 아라비아 숫자
- **aeons** : 오랜 시간
- **camel** : 낙타
- **knock** : 치다, 두드리다
- **acorn** : 도토리
- **ache** : 아픔, 통증
- **alias** : 별명
- **bliss** : 행복
- **crete** : 크레타섬
- **deckchair** : 접이 의자

104 없음

왼쪽 상자 속 낱말은 오른쪽 낱말과 달리 모음으로 시작합니다.

- **ape** : 원숭이
- **eight** : 8
- **igloo** : 이글루
- **orange** : 오렌지

- **umbrella** : 우산
- **knowledge** : 지식
- **garden** : 정원
- **purple** : 보라색

105 1. Twenty, Seven
2. Million, One
3. Three, Eight
4. Two, Nine
5. Four, Ten
- **twenty** : 20
- **million** : 백만

106 1. Attention
2. Nitrogen
3. Nugget
4. Tolerable
5. Eerie
6. Eggplant
7. Tortoise
8. Eyewitness
9. Squabble
10. Execution
11. Nothing
- **attention** : 주의, 집중
- **nitrogen** : 질소
- **nugget** : 금괴
- **tolerable** : 참을 수 있는

- **eerie** : 섬뜩한
- **eggplant** : 가지
- **tortoise** : 거북이
- **eyewitness** : 목격자
- **squabble** : 말다툼
- **execution** : 실행, 사형 집행
- **nothing** : (아무것도) 아니다

107 Farmer, Fields, Horses, Cereal, Fences
- **farmer** : 농부
- **field** : 들판
- **horse** : 말
- **cereal** : 곡물
- **fence** : 울타리

108 United States of America
(미합중국＝미국)

109
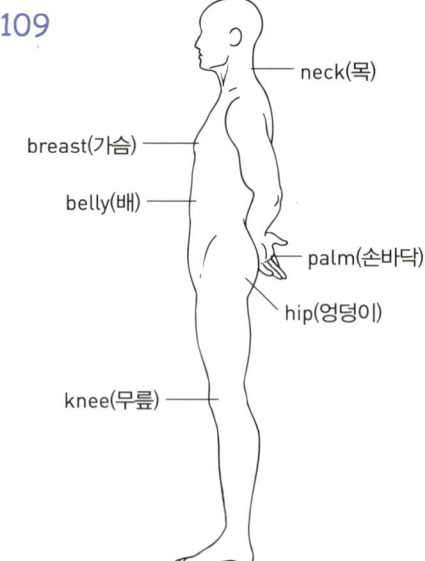

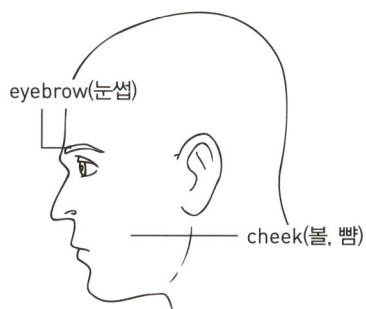

110 Safari(사파리)

Swimming, Archery, Foot-ball, Athletics, Riding, Ice skating의 첫 글자를 이으면 Safari예요.
- swimming : 수영
- archery : 양궁
- football : 축구
- athletics : 육상 경기
- riding : 승마
- ice skating : 아이스 스케이트
- safari : 야생 동물을 사냥하거나 구경하는 여행
- water : 물
- goggle : 잠수용 안경
- bow : 활
- arrow : 화살
- soccer : 축구
- track : 궤도, 코스
- field : 들판, (스포츠)경기장
- blade : 칼날
- balance : 균형

111
1. Harvard
2. Bangkok
3. Roulette
4. Diamond
5. Deciduous
6. Scotland
7. Cannibal
8. Planet

- Harvard : 하버드
- Bangkok : 방콕
- roulette : 룰렛
- diamond : 다이아몬드
- deciduous : 잎이 떨어지는, 낙엽수
- Scotland : 스코틀랜드
- cannibal : 식인종
- planet : 행성

112 Part

맨 위부터 P, Bat, Cured, Fantasy를 차례로 넣으면 세로로 읽었을 때 Part가 됩니다.
- cure : 치료
- fantasy : 공상, 환상
- part : 부분

113 Beach, Beans, Cease, Again, Drama

Brass와 다섯 단어 모두 한가운데에 A가 들어 있습니다.

- **beach** : 해변
- **bean** : 콩
- **cease** : 그만두다
- **again** : 다시
- **drama** : 희곡, 연극
- **brass** : 놋쇠, 금관악기
- **hare** : 산토끼
- **brown** : 갈색
- **frown** : 눈살을 찌푸리다
- **green** : 녹색
- **actor** : 남자 배우

114 글자들이 좌우대칭입니다.

- **hoax** : 감쪽같이 속이다
- **thaw** : 녹다
- **avow** : 인정하다
- **iota** : 그리스어에서 알파벳 아홉째 글자(i)
- **atom** : 원자
- **taxi** : 택시
- **miaow** : 야옹(고양이 울음 소리)

115 42

자음은 4, 모음은 2의 값을 지닙니다. 지명 옆 숫자는 자음과 모음에 해당하는 값을 모두 더해서 나온 값입니다. 즉 LONDON= 4+2+4+4+2+4=20

116 | 가로 |

1. Mast
6. Orphan
8. Pa
9. Rear
10. Ruler
12. Drinks
13. Do
14. Hill
16. Stag
18. Gel
19. Foal
21. Door
23. Corridor

| 세로 |

1. Morning
2. Are
3. Spark
4. Thrush
5. Bandit
7. Needle
11. Roller
15. Igloo
16. Sap

17. Also
19. Far
20. Add
22. Or

- mast : 돛대
- orphan : 고아
- rear : 뒤
- ruler : 통치자, 자
- drink : 마시다
- do : 무엇인가를 하다
- hill : 언덕
- stag : 수사슴
- gel : 겔
- foal : (말, 나귀의)새끼
- door : 문
- corridor : 복도
- morning : 아침
- are : 2인칭 단수, be의 복수
- spark : 불꽃
- thrush : 개똥지빠귀
- bandit : 산적
- needle : 바늘
- roller : 롤러
- sap : 수액, 활력
- also : ～도 또한, 역시
- far : 멀리
- add : 더하다
- or : 또는

117 T

모니터의 글자는 one, two, three, four… 등 숫자를 나타내는 단어의 첫 철자가 순서대로 나열된 것입니다.
물음표 자리는 열 번째이므로 ten의 첫 철자인 'T'가 들어가야 합니다.

118

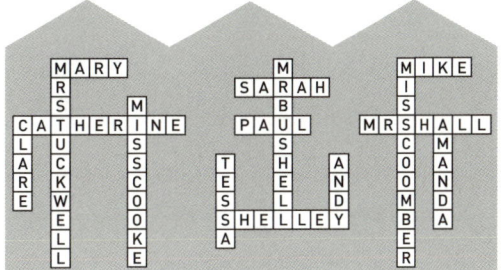

- Mrs : ～부인(결혼한 여자의 이름 앞에 붙이는 경칭, Mistress의 약자)
- Mr : ～씨(남자의 이름 앞에 붙이는 경칭)
- Miss : ～양(미혼 여자의 이름 앞에 붙이는 경칭)

119 단어에 모두 EA가 들어 있어요.
- anteater : 개미핥기
- ahead : 앞에
- azalea : 진달래

- nausea : 메스꺼움
- encyclopedia : 백과사전
- astrology : 점성학
- confederation : 동맹, 연합
- red : 빨강색
- hopeless : 희망 없는
- acrimony : 표독스러움
- telephone : 전화
- sight : 시각, 전망

120 직선 위의 숫자를 영어로 바꾸면 모두 철자 3개로 이루어졌습니다. 문제의 숫자를 영어로 바꾸면 다음과 같습니다.

One Two	Six	Ten
Three Four Five	Seven Eight Nine	

121
1. London
2. Onion
3. Once
4. Cease
5. Several
6. Allow
7. Owner
8. Erase
9. Senior
10. Order
11. Era
12. Astronomy
13. Myrrh
14. Rhyme
15. Medicine
16. Nervous
17. Usual
18. Aladdin
19. Invisible
20. Lemon
21. One
22. Newer
23. Eradicate
24. Terror
25. Orchards

- onion : 양파
- once : 한 번
- several : 몇몇의, 몇개의
- allow : 허락하다
- owner : 소유권자
- erase : 지우다
- senior : 손위의
- order : 명령
- era : 시대, 기원
- astronomy : 천문학
- myrrh : 몰약
- rhyme : 운, 각운
- medicine : 약
- nervous : 신경의

- **usual** : 보통의
- **aladdin** : 알라딘
- **invisible** : 눈에 보이지 않는
- **lemon** : 레몬
- **eradicate** : 뿌리째 뽑다
- **terror** : 공포
- **orchard** : 과수원

122 F, M, A, N

월 이름의 첫 글자가 순서대로 들어가 있습니다. 빠진 곳에는 2, 5, 8, 11월의 첫 글자가 들어가야 합니다.
- **January** : 1월
- **February** : 2월
- **March** : 3월
- **April** : 4월
- **May** : 5월
- **June** : 6월
- **July** : 7월
- **August** : 8월
- **September** : 9월
- **October** : 10월
- **November** : 11월
- **December** : 12월

123 7.80달러

글자는 알파벳 순서의 값(A=1, B=2, C=3, Z=26 등)과 같아요. 낱말을 이루는 글자의 알파벳 순서 값을 모두 더하고, 이를 10으로 나누면 가격이 됩니다.
예를 들어 Hamburger는 8+1+13+2+21+18+7+5+18=93, 이를 10으로 나누면 9.30달러가 됩니다.

124 33

자음은 3, 모음은 12의 값을 지닙니다. 규칙에 따라 글자를 숫자로 바꿔 더합니다.
BUSAN=3+12+3+12+3=33

125 E

모니터의 글자는 January, February, March 등 월을 나타내는 단어의 두 번째 글자입니다. 물음표에는 December의 두 번째 글자가 들어가야 합니다.

126 철자에 모두 Y가 들어 있습니다. Heady는 어울립니다.
- **ready** : 준비가 된
- **anything** : 무언가
- **yellow** : 노랑색
- **analysis** : 분석

- **someday** : 언젠가
- **heady** : 완고한
- **fire** : 불
- **it** : 그것은
- **train** : 열차
- **bottom** : 밑바닥
- **rival** : 경쟁자
- **river** : 강
- **golf** : 골프

127 글자들이 위아래로 대칭입니다.

128 모두 모음으로 시작되는 낱말입니다. 'Ability'도 다섯 낱말과 어울립니다.
- **introduction** : 소개, 머리말
- **average** : 평균
- **ear** : 귀
- **uncle** : 삼촌
- **October** : 10월
- **ability** : 능력
- **zigzag** : Z자형
- **government** : 정부
- **xylophone** : 실로폰
- **classic** : 일류의, 고전의
- **hangman** : 교수형 집행인
- **number** : 수, 번호
- **depend** : 의지하다

- **force** : 힘
- **grass** : 풀, 잔디
- **white** : 흰색

129 52

자음은 7, 모음은 8의 값을 지닙니다. 지명 옆 숫자는 자음과 모음에 해당하는 값을 모두 더한 값입니다.

Beijing=7+8+8+7+8+7+7= 52
- **Beijing** : 베이징(중국의 수도)
- **Praha** : 프라하(체코의 수도)

130 14.60달러

글자는 알파벳 반대 순서의 값 (A=26, B=25, Z=1 등)을 가져요. 낱말을 이루는 글자의 알파벳 순서 값을 모두 더하고, 이를 10으로 나누면 가격이 됩니다.

Icecream=18+24+22+24+ 9+22+26+14=159, 이를 10으로 나누면 15.90달러가 됩니다.
- **pie** : 파이
- **chocolate** : 초콜릿
- **cake** : 케이크
- **pancake** : 팬케이크

131 24

자음은 2, 모음은 9의 값을 지닙니다. 지명 옆에 숫자는 자음과 모음에 해당하는 값을 모두 더한 값입니다.

Essex=9+2+2+9+2=24

- **Essex** : 에식스(영국 남동부의 주)
- **Bahamas** : 바하마
- **Quebec** : 퀘백(캐나다 동부의 주)

132 Peru – Lima

New Zealand – Wellington

Belgium – Brussels

Turkey – Ankara

Sweden – Stockholm

Egypt – Cairo

- **Lima** : 리마(페루의 수도)
- **Wellington** : 웰링턴(뉴질랜드의 수도)
- **Brussels** : 브뤼셀(벨기에의 수도)
- **Ankara** : 앙카라(터키의 수도)
- **Stockholm** : 스톡홀름(스웨덴의 수도)
- **Cairo** : 카이로(이집트의 수도)

133 Exit

　Toilet

　Restaurant

　Telephone

　First-aid

　Smoking

　Taxi

　Parking

　Elevator

　Money Exchange

- **exit** : 출구
- **toilet** : 화장실
- **restaurant** : 음식점
- **telephone** : 전화
- **first-aid** : 응급처치
- **smoking** : 흡연
- **taxi** : 택시
- **parking** : 주차
- **elevator** : 엘리베이터
- **money** : 돈
- **exchange** : 교환하다
- **money-exchange** : 환전

134 야구장

1번부터 순서대로 암호를 풀어 보면 Home, Glove, Bat, Hat, Stealing, Base, Catcher로, 모두 야구와 관련 있어요.

- **home** : 가정, (야구에서) 본루
- **glove** : 장갑, (야구, 권투)글러브
- **bat** : (야구, 탁구)배트, 막대기

- **hat** : 테가 있는 모자
- **stealing** : 훔침, 도루
- **base** : 기초, (야구)베이스
- **catcher** : 잡는 사람, (야구)포수

135 19

자음은 5, 모음은 3의 값을 지닙니다. 방 번호는 과학자의 이름에서 자음과 모음에 해당하는 값을 모두 더합니다. 다윈의 방 번호는 Darwin=5+3+5+3+5=26

- **Darwin** : 다윈
- **Nobel** : 노벨
- **Galilei** : 갈릴레이
- **Curie** : 퀴리

136 현악 3중주

가려진 글자는 Violin, Viola, Cello입니다. 세 악기가 모이면 현악 3중주를 할 수 있습니다.

- **violin** : 바이올린
- **viola** : 비올라
- **cello** : 첼로

옮긴이 김요한

서울대학교 농화학과, 고려대학교 영문학과와 동 대학원 영문학과를 졸업했습니다. 방송 작가와 출판 편집자를 거쳐 현재 전문 번역가로 일하고 있습니다. 옮긴 책으로 《초등학생을 위한 멘사 수학 퍼즐》, 《초등학생을 위한 멘사 추리 퍼즐》, 《세계 지도의 역사》, 《눈사태 속에서 부르는 노래》 등이 있습니다.

초등학생을 위한 멘사 영어 단어 퍼즐
어휘력과 논리력이 쑥쑥

1판 1쇄 펴낸 날 2019년 9월 20일
1판 4쇄 펴낸 날 2023년 12월 5일

지은이 | 로버트 앨런
옮긴이 | 김요한

펴낸이 | 박윤태
펴낸곳 | 보누스
등　록 | 2001년 8월 17일 제313-2002-179호
주　소 | 서울시 마포구 동교로12안길 31 보누스 4층
전　화 | 02-333-3114
팩　스 | 02-3143-3254
이메일 | viking@bonusbook.co.kr
블로그 | http://blog.naver.com/vikingbook

ISBN 978-89-6494-395-3 74410

바이킹은 도서출판 보누스의 어린이책 브랜드입니다.

* 이 책은 《멘사 영어 퍼즐》의 개정판입니다.

• 책값은 뒤표지에 있습니다.

Mensa KIDS 멘사 어린이 시리즈

초등학생을 위한
멘사 개념 수학 퍼즐
존 브렘너 지음 | 멘사코리아 감수

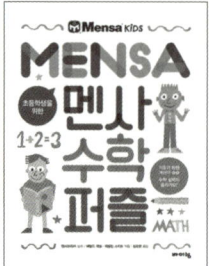

초등학생을 위한
멘사 수학 퍼즐
해럴드 게일 외 지음 | 멘사코리아 감수

초등학생을 위한
멘사 영어 단어 퍼즐
로버트 앨런 지음 | 멘사코리아 감수

초등학생을 위한
멘사 추리 퍼즐
로버트 앨런 지음 | 멘사코리아 감수

멘사 수학 놀이 1 :
수학이랑 친해져요
해럴드 게일 외 지음 | 멘사코리아 감수

멘사 수학 놀이 2 :
수학 실력이 좋아져요
해럴드 게일 외 지음 | 멘사코리아 감수

멘사 수학 놀이 3 :
수학 점수가 올라가요
해럴드 게일 외 지음 | 멘사코리아 감수

멘사 미로 찾기 :
머리가 똑똑! 집중력이 쑥쑥!
브리티시 멘사 지음 | 멘사코리아 감수

똑똑한 초등학생을 위한 인도수학 시리즈

계산이 빨라지는 인도 베다수학
마키노 다케후미 지음 | 고선윤 옮김

도형이 쉬워지는 인도 베다수학
마키노 다케후미 지음 | 고선윤 옮김

암산이 빨라지는 인도 베다수학
인도수학연구회 지음 | 라니 산쿠 감수

생각이 자라는 어린이책
바이킹

블로그
blog.naver.com/vikingbook

인스타그램
@viking_kidbooks